有故事的
汉字文化课

YOU GUSHI DE
HANZI WENHUA KE

象形文字说身体   王弘治 著

天地出版社 | TIANDI PRESS

图书在版编目（CIP）数据

象形文字说身体 / 王弘治著. — 成都：天地出版社，2024.6
（有故事的汉字文化课）
ISBN 978-7-5455-8262-8

Ⅰ.①象… Ⅱ.①王… Ⅲ.汉字－儿童读物 Ⅳ.①H12-49

中国国家版本馆CIP数据核字(2024)第053681号

XIANGXING WENZI SHUO SHENTI
象形文字说身体

出 品 人	杨　政	特约策划	少年得到
作　　者	王弘治	美术设计	霍笛文
总 策 划	陈　德	内文图片	视觉中国
策划编辑	李婷婷　曹　聪	内文排版	书情文化
责任编辑	曹　聪	营销编辑	魏　武
责任校对	卢　霞	责任印制	高丽娟

出版发行	天地出版社
	（成都市锦江区三色路238号　邮政编码：610023）
	（北京市方庄芳群园3区3号　邮政编码：100078）
网　　址	http://www.tiandiph.com
电子邮箱	tianditg@163.com
经　　销	新华文轩出版传媒股份有限公司

印　　刷	北京瑞禾彩色印刷有限公司
版　　次	2024年6月第1版
印　　次	2024年6月第1次印刷
开　　本	710mm×1000mm 1/16
印　　张	10.75
字　　数	150千字
定　　价	35.00元
书　　号	ISBN 978-7-5455-8262-8

版权所有◆违者必究

咨询电话：（028）86361282（总编室）
购书热线：（010）67693207（市场部）

如有印装错误，请与本社联系调换。

前言

　　汉字究竟是怎么造出来的？这个问题，从远古起就一直让人津津乐道。《周易·系辞》记载了一个有趣的说法：华夏最古老的祖先之一伏羲氏发明了八卦，八卦是由代表阴阳的长短不一的横画组成的。这些抽象而神秘的"道道"就是后来笔画和汉字的滥觞。伏羲氏造八卦当然不是拍脑袋乱来，想怎么造就怎么造。《系辞》概括了伏羲氏创造汉字的基本原理："近取诸身，远取诸物。"我们的身体就是汉字最原始的模板。

　　西方哲学家说："人是万物的尺度。"我们通过汉字认识世界的时候，可以看到从人体的部位创造出来的偏旁部首散落在方方面面，共同标画出了一个人类文明的坐标系。这些偏旁、汉字等发源于最原始、简单的象形勾勒，仿佛一个奇特的生命体，不停地变换形体，繁衍进化，把世上无数转瞬即逝的行为动作和生活片段都保存下来。

古人生存觅食，最初是靠狩猎动物和采集食物：古人用弓箭去射猎物，"射"字的原形是右手拉弓；古人采摘野果，所以"采"字的原形就是一只"爪"在树木上寻找东西的样子。人是喜爱自由的生灵，游山玩水离不开一双脚：人走路时，两只脚丫一前一后的样子就成了"步"字最初的样子；人的两脚跨过河道的样子就形成了"涉"字；而人沿着山体一路下山的样子就成了"降"字的雏形。你瞧，古人利用手和脚组合的字形，就像是一集动画片或者一个短视频，把古人生产生活的一举一动全都系统地呈现出来了。

被古人当作造字"模板"的身体部位还有好多，我们明白了其中的门道就会发现，其实每个人都是一部行走的"活字典"：摸摸耳朵，这就是"耳"字的由来；眨眨眼睛，我们的脸上就写着两个"目"字；张张嘴巴，原来"口"和"齿"的原形就长在里面呢！

伏羲造字，只是一个神话传说，但"近取诸身"的智慧却在汉字当中一直被保存了几千年。中国传统文化的"天人合一"，在这些汉字身上被无比生动地体现了出来。尽管从前生动直观的甲骨文、金文已经变得整齐划一了，但只要我们追根溯源，还原到"人为万物"的尺度上来，依旧可以感受到汉字在我们与祖先之间建立的血肉联系。这些成为偏旁和汉字的"手足身体"，仍然在传递着祖先智慧的温度。

01	从"头"说起	001
02	"脖子"大家族	013
03	手足兄弟	025
04	"左""右"的尊卑	043
05	心：中国古代解剖学	055
06	"血"的字形很神圣	065
07	耳朵跟结婚有啥关系	075
08	眼睛不是眼睛	087
09	溺爱是一件很肮脏的事	099
10	"一""二""三"：只是记号	111
11	"四""五"的故事	121
12	神奇的数字："六""七""八"	133
13	"九""十"：完美的结局	143

知识链接………………………… 154

后记……………………………… 164

01
从"头"说起

在古代传说里，最初创造汉字的人是我们中华民族的人文初祖伏羲。伏羲仰观天文、俯察大地，从天地间的万事万物里汲取素材灵感，创造了汉字的形体。在伏羲的汉字素材宝库里，我们的身体是最重要的灵感来源之一。因为我们天天都在跟自己的身体打交道，凭借着自己的身体感受大千世界的风采灵动。所以在这本书的开篇，我们就先来了解代表身体部位的汉字吧。正所谓"蛇无头不行，鸟无翅不飞"，在所有动物的身体部位当中，"头"等重要的就是脑袋了，我们的汉字故事就从"头"开始讲吧。

我们总把脑袋称为"头",但如果追根溯源就会发现,其实古人最初并不把脑袋称为"头"。那么,我们的老祖宗管脑袋叫什么呢?答案就藏在下面这个故事里。

忽必烈建元朝

成吉思汗的孙子忽必烈定国号为大元。为什么忽必烈入主中原以后要给自己的新王朝起名"元"呢?这其实跟脑袋有关系。元世祖忽必烈批评从前的中原王朝的命名,比如"秦""汉""唐""宋",用的都是中国某一个地区的地名。"秦"原来指关中地区,而"汉"就是指汉中……用地方来代表全国,这不是以偏概全吗?所以忽必烈当上皇帝后,就要给自己的王朝起一个风格完全不同的名字——"元"。自从忽必烈开了这个头,后来的明朝、清朝也有样学样,再也不用古代诸侯国的名字或者某个地方的名字来给新王朝命名了。

忽必烈为什么会选中"元"这个字呢?

这是因为古人把脑袋叫作"元"或者"首"。我们现在也常听到"国家元首"这个词,明白它是指国家的领导。其中"元首"的意思其实是从古汉语里一直保留到现在的。

那么,古人为什么把脑袋叫作"元"或者"首"呢?我们先看看古人是怎么写"元"这个字的。

金文"元"

这是一个古代青铜器上的铭文字符,它就是"元"字。你看这个"元"字像什么?是不是有点儿像一个长着大脑袋的人直立着身体的侧影?这个圆圆的"大头"后来就成了现在"元"字上的一横,脑袋的样子已经抽象到认不出本来面目了。

你可别看这个字的写法有点儿抽象,它其实包含着很深刻的文化内涵。我们前面说了伏羲氏造字时仰观天文、俯察地理,所以必然在汉字中印刻了许多奇特的文化象征。从表面上看,"元"这个字就是人体部位的象形。但是它的象征意义可不止一个人体部位这么简单。古人有云:"头圆像天,足方像地。"这句话的意思是说,人的脑袋之所以是圆的,而脚板是又平又直的,是与认知中"天圆地方"相匹配的。这种认知是可以在古汉字中找到一点儿线索的:古汉字"天"的第一笔也是一个圆点,跟"元"的第一笔几乎一模一样。

金文"天"

从造字的思路上看,"元"和"天"有互通之处。在古人的心目中,老天爷是世界的主宰,正因如此,脑袋也被看作人体最重要的部位。所以"元"除了有脑袋的意思,还有重要、了不起、第一名的意思。比如,我们把新年的第一天称为"元旦",把军队中最重要的将领称为"元帅"。

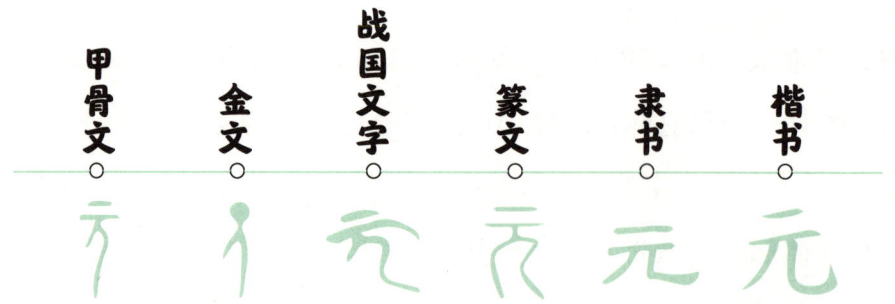

"元"字的演变过程

我们已经了解忽必烈用"元"字给朝代命名,是因为这个字既代表了元朝是中国历史上头一个由草原民族建立的王朝,还彰显了他要把元朝打造成当时世界上最重要、最伟大的国家的雄心壮志。以上这些深刻意义全部都是从"元"的本义——脑袋延伸出来的。

第❶篇 从"头"说起

"首"也是一个象形字。

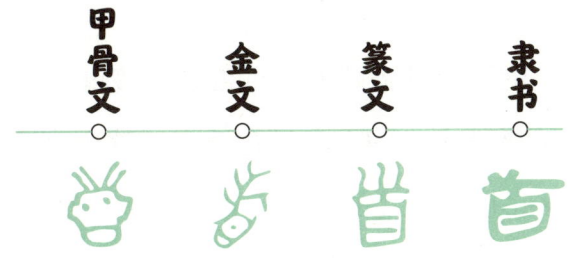

"首"字的演变过程

请你仔细观察上面这组插图：这四个古汉字都是"首"字，从左到右分别是商代的甲骨文、西周的金文、秦朝的小篆和汉代的隶书。在这四个"首"字当中，甲骨文最直观，你一看就明白它画的是个人头。这人头上面还长着头发，多么形象生动啊！当字体变化成隶书，脑袋上的头发就被简化了，变成了"首"字上面的两个点。

原本简洁明了的"首"字为什么变成"头"字了呢？其实，"头"和"首"是存在着一些联系的，我们从"头"的繁体字"頭"的写法就能看出"首"跟"头"之间的隐秘联系来。

"頭"字的左半部分是个"豆"字，右半部分是个"頁"字。

"豆"和"页"组合在一起跟"首"字有什么关系呢？别着急，你再仔细看看下面这组插图。

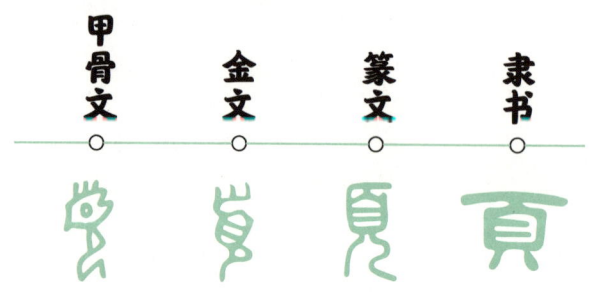

"页"字的演变过程

这是"页"的字形从商代到汉代经历的变化。甲骨文的"页"字画的是一个脑袋特别大的人跪坐在地上。这个字跟刚才的"首"相比，主要是多了脑袋下边的部分，这部分是人身体的象形。当字体发展到小篆，字形中表示人体脑袋上的头发被简化成了一横，而身体则简化成了一撇一捺。

在东汉的《说文解字》这本字书里，许慎解释"页"这个字就

006

是头的意思。你仔细观察后也会发现，汉字里用"页"做偏旁的字大多跟人头有关，比如"颊""颔""颅""顶"……

我们已经认识了古汉语里五花八门的"脑袋"，现在再来了解一下我们现在写的这个"头"字是从哪里来的。我估计你猜不到，现在简体字的"头"跟繁体字的"頭"还有一脉相承的关系。我们要研究"头"的字形变化，必须从秦始皇说起。

程邈造隶书

秦始皇统一中国以后，把李斯改良过的小篆作为国家的标准字体。小篆是一种笔画弯弯绕绕、比较柔美的字体。但这种匀称、工整的字体有一个缺点——写起来太费事。请你看看下面的插图，这是李斯写的小篆书法。

诊睡自瘀古始

《峄山碑》:"于野自泰古始"(从左往右)

秦朝以法令治理天下。朝廷每天颁布的法令公文,还有各地上奏朝廷的奏章报告汗牛充栋。据说秦始皇规定自己一天要读不少于120斤的公文竹简,这阅读量真的很大呢。如果官员每天都用小篆来写文书,那就实在太慢了,会耽误秦始皇处理公务的。

这时候,有一个名叫程邈的小官犯了一点儿小错,被关进了大牢。程邈有个与众不同的优点——即使身陷囹圄也能认真工作。他虽然被关进了大牢,但每天都琢磨着如何提高办公效率。他在大牢的墙上涂涂画画,逐渐把笔画柔美的小篆改成了一种横平竖直的新字体。在这个过程中,他还适当简化了笔画,大大提高了书写效率。

程邈把他发明的新字体上报给秦始皇。秦始皇一看,立刻判断这是秦帝国此刻最需要的。朝廷用了这种新字体,就能更加通畅快捷地传达法令,更加高效地管理国家。秦始皇龙心大悦,立即把程邈从大牢里释放,提拔他到中央做官,而且命令他在全国的官吏中推行这种新字体。由于使用新字体的人绝大多数是国家官吏,于是人们就把这种字体称为"吏书",后来"吏"又被写成了奴隶的"隶"。

隶书就是对之前汉字小篆体的简化。古人改变字体的心理跟现

第 ❶ 篇　从"头"说起

代人很像——谁不想写字更容易呢？所以，对汉字进行简化可不是现代人心血来潮，自古以来，人们就一直在做这方面的工作。

那么，"头"这个简体字到底是怎么来的呢？到了汉代，负责抄写的小官吏工作更加繁忙了。这些古代"公务员"为了提高效率，在程邈发明的隶书的基础上继续改造和创新，故意把隶书写得潦草一些，就形成了草书。不过，古人写的草书可不是毫无章法的潦草，而是有规矩的。简体字"头"就是从汉朝人写的草书变化而来的。

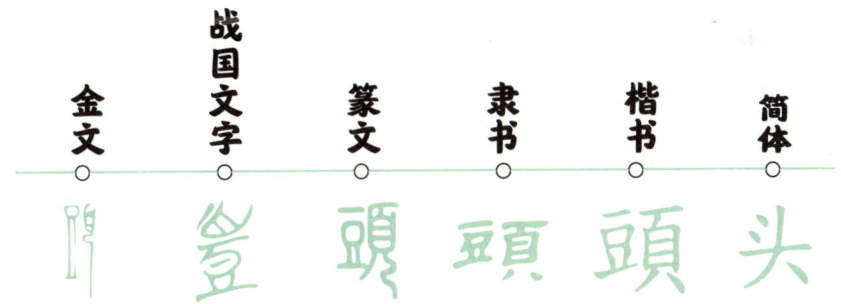

"头"字的演变过程

右面的插图展示的就是一个汉代草书的"头"字。"头"字上边的两点是从"豆"字的上半部分变化而来的，下面这个像"大"字的部分其实是繁体字"豆"的下半部分跟"頭"字右半部分的"頁"连在一起的潦草写法。人们又把飘逸的草书笔画一拉直，就造出了简体字"头"！

汉代草书"头"字

词性解析

首

1. 名词，头，属本义。

《战国策》:"愿得将军之首以献秦，秦王必喜而善见臣。"

2. 名词，首领，一个集体的领头人。

《谏太宗十思疏》:"凡百元首，承天景命，莫不殷忧而道著，功成而德衰。"

3. 名词，开端、前头。

《资治通鉴》:"操军方连船舰，首尾相接，可烧而走也。"

4. 名词，要领。

《尚书》:"予誓告汝群言之首。"

5. 名词，剑柄。

《礼记》:"进剑者左首。"

6. 名词，位次。

《水浒传》:"史进下首坐了。"

7. 形容词，第一。

《汉书》:"故教化之行也，建首善自京师始，由内及外。"

8. 形容词，形容犹豫不决。

《后汉书》："虽首施两端，汉亦时收其用。"

9. 动词，告发、举报。

《谭嗣同传》："苟不欲救，请至颐和园首仆而杀仆，可以得富贵也。"

10. 动词，头向着。

《楚辞》："鸟飞反故乡兮，狐死必首丘。"

11. 动词，向……进发。

《史记·淮阴侯列传》："方今为将军计，莫如案甲休兵，镇赵抚其孤，百里之内，牛酒日至，以飨士大夫醳（yì）兵，北首燕路，而后遣辩士奉咫尺之书，暴其所长于燕，燕必不敢不听从。"

12. 动词，屈服、服罪。

《后汉书》："虽有降首，曾莫惩革，自此浸以疏慢矣。"

13. 动词，标明、显出。

《礼记》："苴，恶貌也，所以首其内而见诸外也。"

14. 副词，最早、率先。

《史记·项羽本纪》："夫秦失其政，陈涉首难，豪杰蜂起，相与并争，不可胜数。"

15. 量词，面。

《儒林外史》："前日还打发人来，在南京做了二十首大红缎子绣龙的旗……"

|02|
"脖子"大家族

在第一篇中,我们讲了与脑袋相关的汉字。在这一篇中,我们顺着脑袋往下讲,来说一说关于脖子的汉字故事。

与脖子相关的汉字可是个大家族。在汉语里,能描述脖子的词语有好几个,比如在普通话里,脖子被称为"头颈";在古汉语里,脖子最早被称为"脰";首领的"领"字其实也是脖子的意思;还有我们都很熟悉的古诗句"鹅鹅鹅,曲项向天歌"里的"项"字也是指脖子。

在现代汉语中,"脖"字很常见,它的背后隐藏着一个造字的秘密。

你在啃鸭脖的时候有没有想过:这长长的头颈为什么会被称为"脖"呢?在古汉语里,"脖"字其实跟头颈一点儿关系都没有,而是表示人的肚脐!肚脐明明是在肚子中央啊,为什么表示它的"脖"字,后来改为表示脑袋和肩膀中间的部位了呢?

我们得从声音上来找答案。原来,在古汉语里,表示肩膀的字是"髆",这个字也读作"bó"。

那么,表示肚脐的"脖"为什么会和表示肩膀的"髆"同音呢?我们要弄明白这个问题,就要讲个与元朝人有关的故事。

元朝人爱说大白话

元朝人有一个特点——特别喜欢大白话。他们平日里既喜欢说大白话,也喜欢写大白话。比如,在元朝之前,中国古人把写圣旨看作一件特别神圣的事,每道圣旨上都一本正经地写着"奉天承运,皇帝诏曰",文绉绉的。但是到了元朝,大臣们就不这么正经八百地写圣旨了,因为元朝的皇帝都是蒙古族人,喜欢说大白话,比如"你们听着,大皇帝说了……"我们从这里就可以看出元朝的文化风格跟以前的朝代相比有明显的不同。元朝人喜欢说大白话,也喜欢写很"接地气"的字,所以汉字的字形在这个时期经常变化。

用表示肚脐的"脖"字来表示肩膀,其实就是因为元朝人写了个错别字。在漫长的历史当中,表示身体部位的字词会发生变化,比如肩膀和胳膊紧挨着,表示这两个部位的字词互相转化就是一种很常见的现象:手臂也叫"胳膊",而"胳"字本来指胳肢窝,"膊"本来是肩膀的意思,"胳膊"最初指手臂最上端这一部分,后来就表示整条手臂了。

我们现在之所以管头颈这个部位叫"脖子",是因为元朝人写的错别字和表示身体相邻部位的字发生了意思转移。

在古汉语里,最早真正表示脖子的字是"脰"。我们现在不常用"脰"这个字了,所以就通过了解一个小故事来理解、记忆这个汉字吧。

刘髆绝脰

汉武帝刘彻有一个儿子叫刘髆。刘髆的母亲是汉武帝一生中最宠爱的妃子李夫人。这位李夫人号称当时倾国倾城的大美人。汉武帝爱屋及乌,也特别宠爱刘髆,对他百依百顺。结果,刘髆被宠坏了,虽然身体健康,却脾气暴躁,最后下场惨烈。

古书里关于刘髆之死有不同的说法,有些书上说刘髆之死正应了一句老话——多行不义必自毙。相传刘髆力大无穷,最喜欢的娱乐活动是徒手斗猛兽。据说,刘髆凭着一把子蛮力,能用双手把熊的脖子给拧断。古书上把这种行为称为"绝脰"。"绝"在这里就是断绝、弄断的意思,而"脰"则表示脖子这个部位。刘髆对绝脰这种残忍血腥的游戏乐此不疲,觉得虐杀动物很好玩儿。后来有一天,他失手了,遭遇濒死野兽的奋起反击,脑袋被打得稀巴烂。刘髆这个生性残暴的家伙把拧断无辜动物的脖子当消遣,终于落得悲惨的下场。

古人为什么用"脰"字来指代脖子呢?这还是跟它的声旁有

第2篇 "脖子"大家族

金文"豆"字

关,也就是"豆"字。在古汉语里,"豆"并不代表吃的豆子,而是表示一件老百姓天天在用的器物。我们的祖先会用它来盛菜,豆这种食器相当于后世的高脚盘子。本页的两张插图展示的是古汉字"豆"和青铜器"豆"。"豆"这个字显然就是比着豆这种青铜食器的式样造出来的。

青铜器"豆",战国,成都金沙遗址博物馆藏

那么,这个"豆"字跟脖子有什么关系呢?你仔细观察插图里的青铜器,它看起来像不像一个人头?青铜豆最明显的特征就是在盛饮食的容器下边有一个高脚底座,如果说它上面的食器像脑袋,那么下面的高脚底座就像一截长脖子了。所以古人就用"脰"这个字来表示人的脖子。

017

"颈"字的来历几乎与"脰"字如出一辙。你来猜猜看：如果以声音为线索，"颈"会跟什么字有关呢？我们可以循着前面的方法找相同声旁的字，然后再看这个字代表的事物跟脖子、头颈是否存在关系。

经过我的以上提示，你可能已经想到了植物的茎，也就是在"颈"字的声旁上加一个"艹"。古书上解释"茎"这个字就是植物的主干。你看下面这张插图上的大树，树冠浓密茂盛，树干笔直纤细，是不是跟青铜豆有几分形似？所以，表示人类脖子的"颈"与表示植物的主干的"茎"是意义紧密相连的两个字。

茂密的大树看起来像"茎"字

最后,我们来讲一讲"领"和"项"。我们必须把这两个字放在一块儿讲,因为在古汉语里,这两个字起初代表的是脖子的不同部位。"领"是指脖子的前面,"项"是指脖子的后面。也就是说,"领"跟"项"合在一块儿才能描述完整的脖子。现在,"领"指的是衣服上的领子,虽然领子是围着整个脖子的,但人们一般关注的主要是目之所及的这一片。比如人们打领带,总是把领带垂在前面,

而不会把领带转到脖子后边去。如果有谁把领带放到脖子后边,那给人的观感就跟拴了一条狗绳差不多了。

《诗经》中的美人

《诗经》里有一首写美女的诗——《硕人》。这首诗赞美的是周朝齐庄公的女儿庄姜出嫁时的盛世美颜。《硕人》中有一句写道:"领如蝤蛴。""蝤蛴"就是天牛的幼虫。

诗人为什么要把美女的脖子形容成一条虫呢?你弄明白了文字的准确含义,就不仅不会感到奇怪,反而会佩服古人的形容真是太恰当了。下页的插图展示的是一条蝤蛴,通过仔细观察,你就会发现蝤蛴长得白白嫩嫩、肥肥胖胖。所以古人用蝤蛴比喻庄姜的脖子,首先是夸她的皮肤白。其实,以白为美是一种很常见的审美,比如日本现代的艺伎专门把从和服里露出来的脖子抹得像雪一样白,她们的审美就跟我们古人的一样。你通过观察可以发现,蝤蛴的身体除了白,还有一圈一圈的圆环状脂肪,像米其林广告里的轮胎人一样。所以,古人是在用蝤蛴形容庄姜长得很丰满,脖子前面肉嘟嘟的。

在这首诗里,"硕"就是丰满的意思。我们通过"领如蝤蛴"这句诗知道,以胖为美的审美观点可不是从唐朝开始流行的,而是至少在两千年前就开始了。

第２篇 "脖子"大家族

蛴螬

"项"是指脖子的后面。关于"项"这个字，有一个千古传颂的美谈，叫作"强项令"。

"强项令"董宣

东汉光武帝的时候，有一位叫董宣的大臣，刚正不阿，不畏

权贵。光武帝的姐姐湖阳公主包庇纵容自家奴仆行凶杀人，董宣当街拦住公主出行的车队，逮捕了一直躲藏在公主府里的凶手，当场正法。

湖阳公主气急败坏，在光武帝面前告了董宣的状。光武帝下令把董宣抓进宫，要在公主面前打死他。董宣不肯受辱，便一头撞在大殿的柱子上，顿时血流如注。他英勇无畏的行为倒把光武帝给镇住了。光武帝想网开一面，下令只要董宣给公主磕头认罪，就放董宣一马。

不料，耿直的董宣宁死不屈，丝毫不给皇帝面子。光武帝只好命令几个小宦官架起血流满面的董宣，摁着他的脖子磕头。可是董宣用手臂死死撑住地面，就是不肯低头。光武帝被董宣宁折不弯的人格打动了，最后当了个和事佬，把董宣放了，还御封他一个"强项令"的称号。这个"强项"就是"硬脖子"的意思。光武帝赐给董宣"强项令"的称号是为了表彰他坚持正义，不肯向权贵低头。请你注意，光武帝御封他的称号不是"强颈"，也不是"强脰"，而是"强项"，这是因为任何人如果摁着别人磕头，都必须从脖子的后面使劲儿。

回顾这一篇，你应该也注意到了，"颈""领""项"三个字的右半边都是"页"，我们从这一点就能看出来脖子和脑袋的关系有多紧密了。

汉字撷英

词性解析

领

1. 名词. 脖子，属本义。

《左传》:"及君之嗣也，我君景公引领西望曰：'庶抚我乎！'"

2. 名词. 领子、衣领。

《荀子·劝学》:"若挈裘领，诎五指而顿之，顺者不可胜数也。"

3. 名词. 要领。

提纲挈领。

4. 动词. 统领、指挥

《三国志》:"瑜、普为左右督，各领万人，与备俱进，遇于赤壁，大破曹公军。"

5. 动词. 带队、指引。

《续诗品》:"学如弓弩，才如箭镞，识以领之，方能中鹄。"

6. 动词. 兼任。

《段太尉逸事状》:"王子晞为尚书，领行营节度使，寓军邠州，纵士卒无赖。"

7. 动词，理解、懂得。

《礼记》："礼乐负天地之情，达神明之德，降兴上下之神，而凝是精粗之体，领父子君臣之节。"

8. 动词，接受。

《三国演义》："李典领命，自去点军埋伏。"

9. 形容词，通"令"，美好。

《汉书》："君子纯终领闻，蠢迪检押，旁开圣则，撰《君子》第十二。"

10. 量词，件、席。

《荀子》："太古薄背，棺厚三寸，衣衾三领，葬田不妨田，故不掘也……"

|03|
手足兄弟

　　有句老话说得好，兄弟如手足。这句话的意思是兄弟之间要团结，要互帮互助。在现代汉语里，人们也把足称为"脚"。人没有手和脚，什么事都干不了，哪里也去不了。手和脚是人体最重要的一套工具，也确实算得上是人体的一对"好兄弟"了。人的手和脚十分灵活，具有多种多样的功能。手和脚的这种特性投射进汉字，使得代表手和脚的汉字也变出了很多花样。在这一篇中，我们就来了解一下这对"手足兄弟"在汉字里都经历了哪些有意思的演变。

"足"是一个象形字,最早的意思并不是"脚"。你看懂下面的插图中甲骨文"足"是怎么写的,就清楚最早的"足"指的是人体的哪个部位了。在这个甲骨文"足"中,我们可以看到一个逼真的脚掌,还能看到和脚掌相连的腿,腿的最顶端还隆起一块,看起来有点儿像臀部。所以"足"原来是指腿的。成语"画蛇添足"讲的就是画完蛇又给蛇添上四条腿,多此一举。

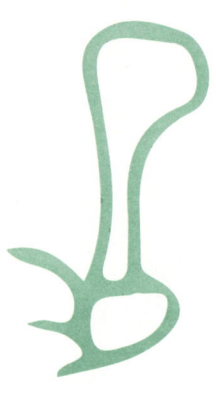

甲骨文"足"字

《山海经》里的神奇动物

在我国的古书里，常出现一种被称为"夔"的神奇动物。据《山海经》记载，夔生活在距海岸七千里外大海中的一座山上。夔喜欢水，行动时总伴随着狂风暴雨，它的叫声跟打雷一样。后来，黄帝抓到了一头夔，用夔的皮做了一面鼓。黄帝敲这面鼓的声音可以传到五百里外。黄帝有了这面鼓，从此威震天下。夔这个神奇动物身上有一个奇怪的特征——只有一条腿，所以古人也把夔形容为"夔一足"，这"一足"就表示一条腿。

因为腿和脚是连在一起的，随着文字的不断变化，人们就用"足"来特指脚。

齐襄公之死

春秋五霸之首齐桓公的哥哥齐襄公就是被自己的"足"给害死的。齐襄公是个荒淫无耻的坏蛋，许多大臣对他怀恨在心。有一天，齐襄公出城打猎，射中了一头大野猪。没料到这头野猪不但没被射死，反而两腿直立站了起来，同时发出恐怖的吼声。这可把齐襄公吓坏了，他从战车上摔了下来。他这一摔，不仅摔伤了自己的"足"，还把"足"上的鞋子给摔掉了。

当天晚上，齐襄公在行宫养伤。大臣们趁机造反，发动突袭，

带兵杀进了行宫。侍卫们赶紧把齐襄公藏了起来。有个忠心的侍卫躺在寝宫里假装齐襄公,不幸被错杀。造反的大臣很快意识到杀错了人,就到处搜找齐襄公,务必斩草除根。后来,他们通过门下的缝隙看见齐襄公那只没有穿鞋的"足",就把露出马脚的齐襄公揪出来杀了。

在这个故事里,"足"指的就是脚。在古汉语中,除了"足"能表示脚,"趾"也可以表示脚,而且是"大脚板"的标准说法。你仔细观察古汉语的变化会发现,原来的"腿"变成了现在的"脚",而原来的"脚"变成了现在的"脚趾"。这些字字义的变化似乎有些规律可循,那就是一个推着一个在变。最早"脚趾"的"趾"是没有足字旁的,是"停止"的"止",也就是脚的象形字。在下面的插图中,你能看到"止"字的字形从甲骨文到金文,再到隶书的演变过程。

第3篇　手足兄弟

甲骨文　金文　隶书

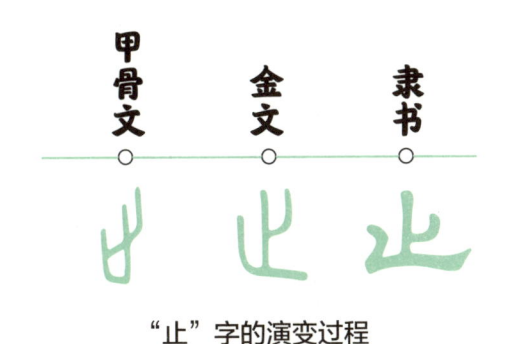

止

"止"字的演变过程

之

吾欲之南海

脚板是用来走路的。你在语文课上可能学过一篇叫《为学》的文言文，里面提到有两个四川和尚，一个穷一个富。穷和尚说："吾欲之南海。"这里的"之"就是常出现在文言文中的"之乎者也"的"之"，但在这句话中，"之"却是"到哪儿去"的意思。你知道这是为什么吗？

在下面的插图中，列出了"之"的甲骨文、金文和隶书的不同字形。请你把这一组字形跟"停止"的"止"作比较。你很快会发现，"之"和"止"这两个字的字形变化高度相似，唯一的区别是"之"的底下多了一横。这一横好像是一道起跑线，因此"之"在古文中表示"到哪儿去"的意思就是从脚引申出来的。比如，李白那首著名的诗《黄鹤楼送孟浩然之广陵》中的"之"，就是"到哪儿去"的意思。

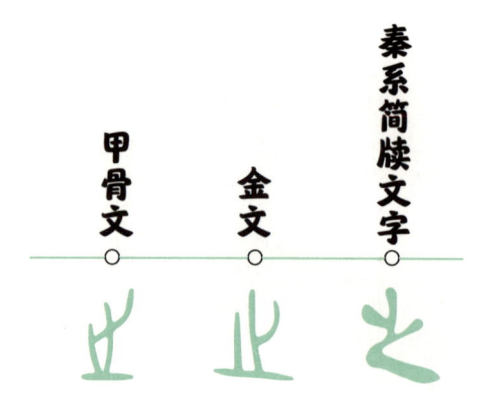

"之"字的演变过程

人走起路来是两只脚交替前进的，把两个大脚板叠在一起，就

变成了一个新的会意字——"步",人跨开两脚就是迈出一步。

如果一个人要蹚过一条河,古人就在两个脚板当中添上代表河流的"水"字,这又是一个会意字,是"跋山涉水"的"涉"字。

甲骨文"步"字　　　　　　　　甲骨文"涉"字

降

古汉字"步"字里的两只脚是往上走,如果把两只脚倒过来往下走,就成了"降"字的右半部分。"降"字的左半部分是形旁,代表难走的山路。所以,"降"字本来就是人从小山包的顶上往下走的意思,这才有了"下降"的意思。

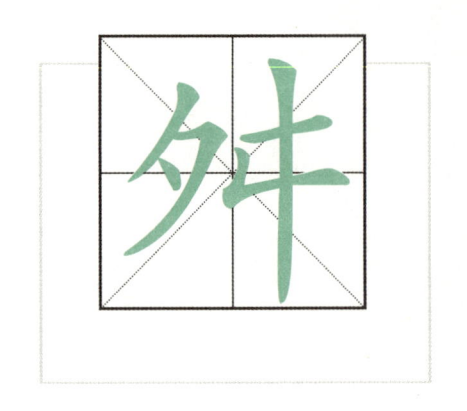

舛

如果两只脚不是一前一后,而是并列在一起,这也是一个会意字——"舛"(chuǎn)。这个字单用不多见,但你应该也认识它,因为"跳舞"的"舞"的下半部分,就是这个"舛"字。"舞"是一个形声字,上半部分是繁体的"无"字,这是它的声旁;下半部分的

"舛"就是形旁，这两只并列在一起的脚就代表跳舞的舞步。

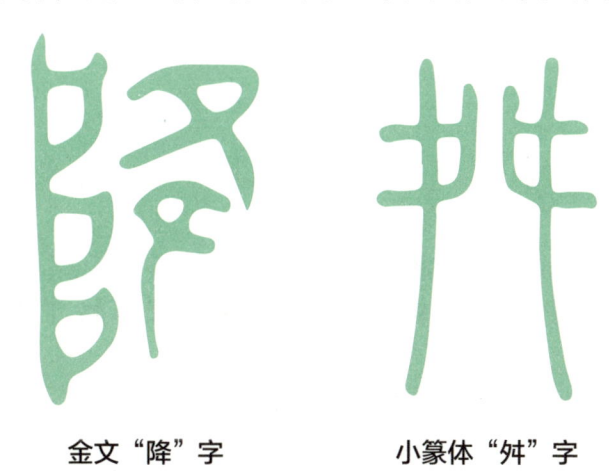

金文"降"字　　　　小篆体"舛"字

"手"是一个象形字，笔画特别简单。西周青铜器铭文里的"手"就是一个五指张开的手。古人造象形文字，主要是突出事物最明显的特征，不可能体现所有细节。这也是文字和图画不同的地方。手的特征就是五根手指。你小时候有没有比着自己的手掌描过轮廓？其实把手掌的轮廓抽象成线条以后，就变成了古汉字的"手"。我们现在写"手"字时的第一撇就是古汉字里弯弯的"中指"变过来的，而下面的两横，每一横都是由两根手指拼起来的。

手的轮廓　　西周青铜器铭文的"手"　　隶书的"手"

"手"字的演变过程

手能帮我们干各种各样的活儿，所以在汉字里用手来做偏旁的字特别多。你肯定已经学过"扌"了，也许会有这样的疑问：为什么"扌"的写法跟"手"不太像呢？你了解古汉字的演变过程后就能解开这个疑问了。

在第一篇中，我讲过发明隶书的故事。秦汉时期，人们写的隶书把小篆弯弯绕绕、绵软柔美的笔画捋直了。旁边的这幅插图展示的是汉代隶书的"手"字。请注意，这可不是偏旁，而是实实在在的"手"字，现在的"扌"就是隶书里定下来的字形。

隶书的"手"

我接下来要讲的这个字也隐藏着一个"手"。这个字就是"拜师学艺"的"拜"字。"拜"字的左半部分就是一个"手"，只不过下面少了一个钩，它是"拜"字的形旁。"拜"指古人行的一种礼，跟现代人说的"拜"不一样。在现代汉语里，"拜"一般指磕头，而古人说的"拜"是指把双手恭恭敬敬地举到额头的位置，不一定要磕头。在古代，"磕头"这种礼节被称为"稽（qǐ）首"。

拜

下面这幅插图展示的是周代青铜器上的"拜"字。你看，左半部分是"手"，右半部分是"页"字。我们在第一篇中讲过，"页"表示脑袋。"手"和"头"组合在一起就表示行礼了，这种把两个字合在一起表示新意思的字叫作"会意字"。

金文"拜"字

爪

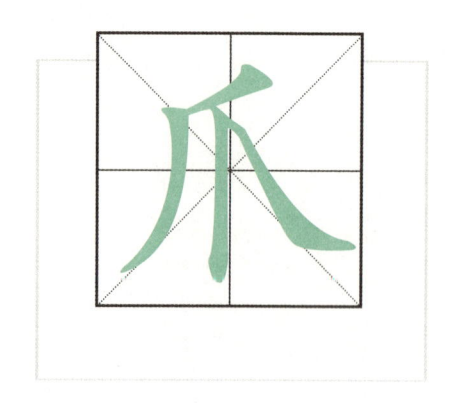

手是功能很强大的人体部位，手指可以张开，也可以勾起来。勾起来的手又是一个新的象形字——"爪"。

甲骨文"爪"字

在古汉语里，"爪"字最早代表的可能是抓东西的"抓"。为什么呢？你再看看下面这三幅插图，从左到右，分别是"采"、"孚"和"为"。注意，现在的"为"字已经被简化了，而它的繁体字写法"爲"的最上面的部分，跟"采"用的是一样的偏旁。

第❸篇 手足兄弟

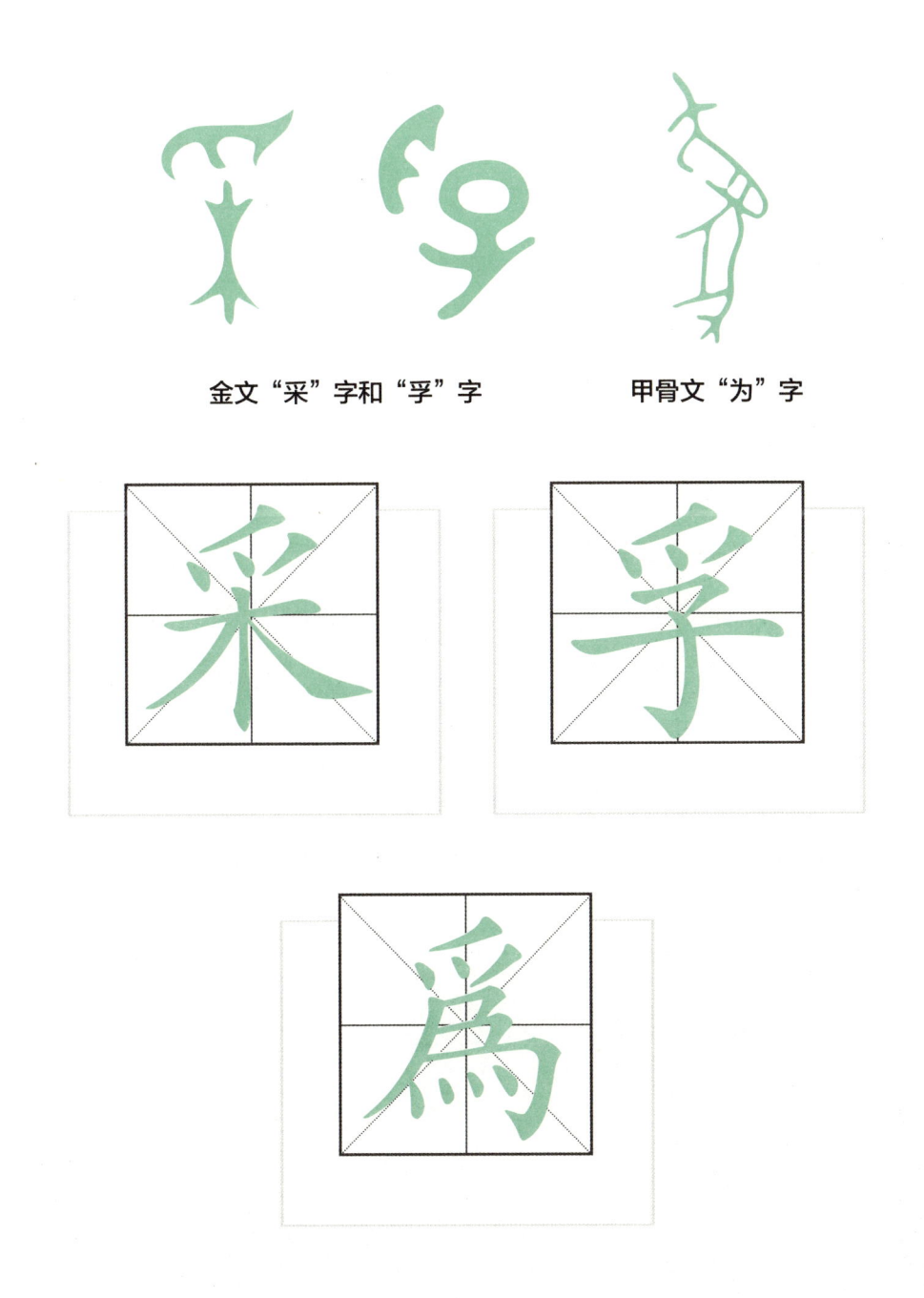

金文"采"字和"孚"字　　甲骨文"为"字

这三个字也都是会意字。"采"表示的是用手在树木上采果子；"孚"表示的是抓住了一个小孩子，可能是代表在古代战争里被抓进

037

敌营当奴隶的俘虏；而"为"呢，则是一只手抓住了一头大象的鼻子，在驯大象呢。难怪有"大有可为"这个词，这说明"为"表示的是一件难以做到的事。

商人象兵

据史书记载，商代的末代帝王纣王非常残暴，他想去征伐东方的东夷部落。但是，东夷不是软弱可欺的民族，于是商人的军队就专门启用了一种秘密武器——大象。他们驯服了大象，用象兵来打仗。这个故事出自战国末期的《吕氏春秋》。甲骨文中"爲"的字形可以成为古人使用战象打仗的有力证据。

读完这一篇，你会发现汉字里到处都有"手"和"脚"。我建议你仔细观察汉字，看看"手"和"脚"还躲在哪些汉字里。

汉字撷英

词性解析

为

1. 动词，假借为"伪"，做、搞。

《世说新语》："有客自云能，帝使为之。"

2. 动词，制造、创作。

《世说新语》："文帝尝令东阿王七步中作诗，不成者行大法。应声便为诗曰：'煮豆持作羹，漉菽以为汁。萁在釜下燃，豆在釜中泣。本自同根生，相煎何太急？'"

3. 动词，治理。

《世说新语》："诸葛瑾为豫州，遣别驾到台，语云：'小儿知谈，卿可与语。'"

4. 动词，变为。

《世说新语》："处遂改励，终为忠臣孝子。"

5. 动词，是。

《韩非子》："扁鹊出，桓侯曰：'医之好治不病以为功！'"

6. 动词，研究、学习。

《韩非子》："群臣为学，门子好辩，商贾外积，小民内困者，可亡也。"

7. 动词，种植、耕作。

《战国策》："东周欲为稻，西周不下水，东周患之。"

8. 动词，设立。

步步为营。

9. 动词，促使。

《史记·屈原贾生列传》："井渫（xiè）不食，为我心恻，可以汲。"

10. 动词，认为。

《大唐三藏取经诗话》："我将为无人会使此法。"

11. 动词，演奏。

《琵琶行》："轻拢慢捻抹复挑，初为《霓裳》后《六幺》。"

12. 介词，被（引出行为的主动者）。

《世说新语》："周处年少时，凶强侠气，为乡里所患。"

13. 介词，在（表示时间和处所）。

《淮南子》："今之时人，辞官而隐处为乡邑之下，岂可同哉！"

14. 连词，和（表示并列关系）。

《战国策》："犀首以梁为齐战于承匡而不胜。"

15. 连词，就（承接关系）。

《论语·阳货》："君子有勇而无义为乱，小人有勇而无义为盗。"

16. 连词，如果（表示假设关系）。

《史记·宋微子世家》："今诚得治国，国治身死不恨。为死，终不得治，不如去。"

17. 连词，或者（表示选择关系）。

《太平广记》:"不审先生梁朝出仕，为复隐居？"

18. 助词，的（用于名词性偏正结构）。

《诗经》:"岂弟君子，四方为则。"

19. 助词（宾语前置的标志）。

《孟子》:"使弈秋诲二人弈，其一人专心致志，惟弈秋之为听。"

20. 助词，表示加强语意、加大程度。

大为高兴、广为流传。

21. 语气词，表反问、疑问。

《庄子》:"死何含珠为？"

22. 语气词，表示感叹。

《逍遥游》:"归休乎君，予无所用天下为。"

| 04 |

"左""右"的尊卑

  在这一篇的开头,我要问你一个问题:你觉得中国古代社会是以"左"为尊还是以"右"为尊呢?请不要着急抢答,这个问题的答案其实就在"左"和"右"这两个字里。在这一篇中,我就来讲"左"和"右"里藏着的中国传统文化。你可以一边跟着我们的思路阅读,一边想着点儿这个问题,等你读完这一篇,自然就知道答案了。

甲骨文"左"字和"右"字

　　古人的智慧朴素而伟大,他们造字的一大诀窍就是"近取诸身"——从自己的身上找窍门。但是左和右是相对抽象的概念,没有实在的外形,古人根据什么参照物造字呢?别着急,我在下面放了两幅插图——古汉字里的"左"和"右"。你可以仔细观察插图,猜猜这两个象形文字分别代表了人身上的什么部位。

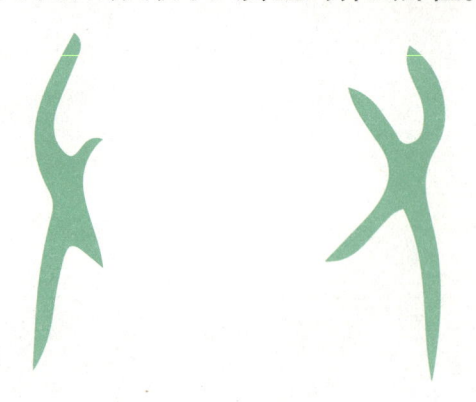

甲骨文"左"字和"右"字

　　你还记得我在上一篇中提到过的"手"字吗?其实,"左"和"右"这两个字也是"手"字的变形。造字的古人琢磨怎么来给左、右造字,结果一摊开自己的双手,惊呼这不就是现成的参照物吗?

古人用人的一双手来表示对称的左右关系，既直观又形象，真是一个充满智慧的发明。

"左"和"右"这两个字本来都是标准的象形字，现代汉字的"左"下面却多出了一个"工"字，而"右"字则多出一个"口"字，看来"左"和"右"的字形也经历了一个曲折有趣的演变过程，其中一定隐藏着丰富的文化故事。

"左"和"右"的字形从古汉字变成隶书的时候，竟然发生了不同的变化，"左"字原来弯曲的手指被拉平，变成了一横，长长的手臂变成了现在的一撇；而"右"字呢，原来下垂的手臂变平了，成了一横，而弯曲的手指连在一起成了一撇。

就这样，造字灵感来自一双手，表示对称的"左"和"右"，变成一对"顺边"的汉字了。讲到这里，我提醒你关注一个小细节：人在写书法大楷"左"字的时候，笔顺一般是先写一横再写一撇，但是在写"右"字的时候，偶尔会先写一撇后写一横。为什么会有这种区别呢？这就跟我们刚才讲过的"左"和"右"的变形方式不同有关系了。

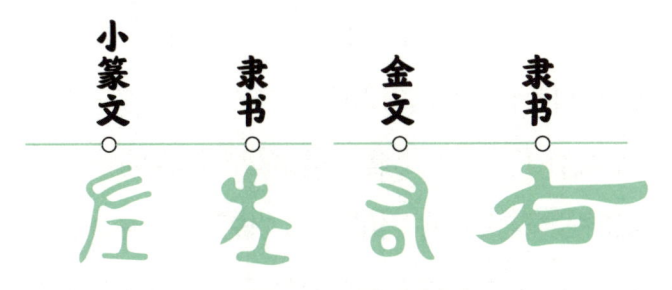

小篆文	隶书	金文	隶书
左	左	右	右

"左"和"右"的演变过程

萧何月下追韩信

俗话说得好："人有两件宝，双手和大脑。"在人类大脑的指挥下，一双灵巧的手左右配合，创造了美好的生活。

汉朝的时候，人们就把自己身边最能干、最得力的助手形容为"左右手"。这个典故可能最早出现在《史记》当中。汉高祖刘邦在鸿门宴以后，被项羽赶出了富饶的关中，被派到偏远的汉中盆地去了。刘邦的手下一看，觉得刘邦可能没戏了，就纷纷跑了。这些意志不坚定的家伙跑了就跑了，刘邦并不放在心上。可是有一个晚上，手下来报，说萧何大人也骑马跑了。刘邦一下子就蒙了。萧何可是后来帮助刘邦打败项羽的第一功臣。

据《史记》记载，刘邦听到这个消息，仿佛失去了自己的左右手，完全没了主意。不过好在萧何不是逃跑，而是去追韩信了。他为刘邦追回了更好的帮手，这下刘邦不仅没丢左右手，还像添了一双有力的翅膀。

在西方文化里，也有"左右手"这样的说法。在电视剧《权力的游戏》里，国王身边最重要的大臣被称为"国王之手"，就是同样的意思。

为了单独表示能干的人，古人还给"左"和"右"专门加上代表人的"亻"，于是就有了《火影忍者》里宇智波佐助的"佐"字，和了不起的京张铁路工程师詹天佑的"佑"字。"佐"和"佑"透露出一个汉字里的文化小秘密——古人喜欢"右撇子"。我是怎么看出来的呢？有单人旁的"佐"和"佑"，虽然都有"帮助"的意思，但是帮助的对象不同。

"佐"表示下级为上级提供帮助，而"佑"则相反，表示上级帮助下级。

《三国志》中的"王佐之才"

古人把像诸葛亮这样能帮助主公平定天下的大谋士、大军师称为"王佐之才"。不过，正史《三国志》里重点描述的王佐之才不是诸葛亮，而是曹操身边的谋士荀彧（yù）。无论是诸葛亮还是荀彧，他们都是刘备或曹操的下级，他们提供的帮助叫作"佐"。可"佑"就不同了，比如刚才提到的詹天佑，他的名字"天佑"就是老天保佑的意思，老天帮忙才叫"佑"。

在中国古代，各家对于左尊右卑还是右尊左卑说法不同，但是我们能从汉字里看出一些蛛丝马迹：古人跟我们现在差不多，还是偏爱"右撇子"。

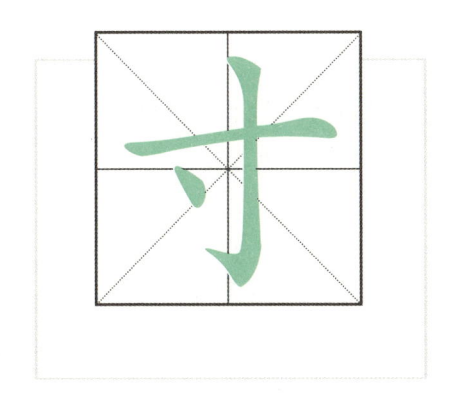

除了"左"和"右"的字义有差别，古人在造字的时候也偏爱

小篆体"寸"字

借助右手。比如"寸"字,这个字本来不是一个长度单位,而是指中医看病搭脉的手腕。你看插图中"寸"的古汉字,它被写成了一只右手的样子,然后在手腕这个部位加了一横。这一横好像是整个字形上的一个箭头,提醒你注意看特定的位置。这种因特殊意图加标记的造字法叫作"指事"。

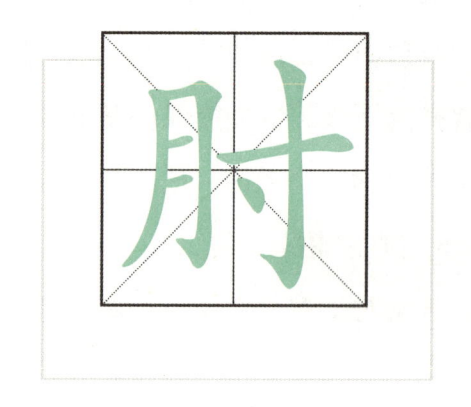

你继续看古汉字"寸",如果把这个小箭头再顺着右手腕往下挪,那就成了"肘"字。肘部是可以弯曲的,所以"肘"的古汉字写法就有个钩,后来才加上表示肌肉的月字旁。

甲骨文"肘"字

第❹篇 "左""右"的尊卑

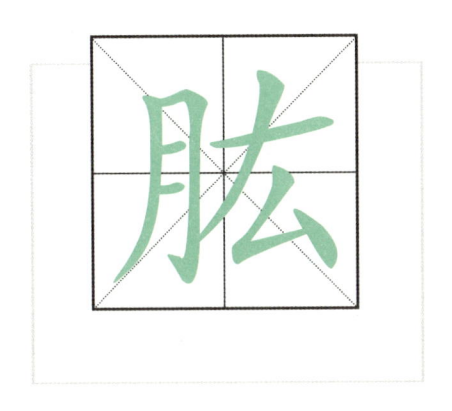

肱

顺着胳膊肘再往上挪,在右上臂的位置画个圈,好像一个疙瘩的样子,你猜这是什么字?这个字就是"肱"字的古汉字写法。如果你喜欢运动,你大概能猜出来这代表的是手臂上的肌肉,我们一拱起上臂就鼓起来的这块肌肉叫"肱二头肌"。

甲骨文"肱"字

我们的老祖宗不光在造字上偏爱右手,在汉语方言里也注重左右有别,有的方言把右手叫作"真手",左手叫作"假手"。到了现代,有些家长看到孩子用左手吃饭、写字,还要特意让孩子改回右手。这些行为都折射出右尊左卑的文化心理。

共

不过，这种右尊左卑的文化心理也不是时时刻刻都体现在汉字的字形变化上的。"左"和"右"和谐共处的例子也很多，比如"左"和"右"并举也是一个汉字——"共"。

供

在古代，一个人如果给身份比自己尊贵的人递东西，必须是双手奉上。这个动作就是我们后来写的"供"字。"供"的意思就是恭恭敬敬地献上去。"供"字最早的字形就是两只手，后来字形又变成一双手捧着东西，也就是"共"字了。

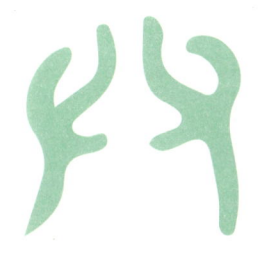

甲骨文"共"字　　　　　金文"共"字，也是"供"字的初文

"左"和"右"在汉字里的变形还有很多，比如"丞""承""盥"等等。在这些字里面，两边对称的偏旁其实代表一双手。

"丞"的本义其实是拯救的"拯"。"丞"字下面那一横代表一个坑，坐里坐着一个人，旁边两只手要把他从这个坑里拽出来。

甲骨文"丞"字　　　金文"承"字　　　金文"盥"字

承

"承"的本义也差不多，不过不是人在坑里。这个字的字形表示两只手托着一个坐着的人。这个人好像是从上面来的，被两只手托着，所以"承"有承接的意思。

盥

"盥"是一个地地道道的会意字，两边有点儿像"臼"字被拆开了，但其实是两只向下的手，当中有水流过，所以整个字形是一个人在洗手，下面有个器皿接着水，这就是"盥"字的本义。

讲到这里，我给你留一个思考题吧：我刚才说给身份比自己尊贵的人递东西，得双手恭恭敬敬地送上去。你觉得"恭"和"供"有没有关系呢？

汉字撷英

词性解析

共

1. 动词，供奉。

《左传》："尔贡包茅不入，王祭不共，无以缩酒，寡人是征；昭王南征而不复，寡人是问。"

2. 动词，通"恭"，恭敬。

《诗经》："共武之服，以定王国。"

3. 动词，通"供"，提供。

《汉书》："乃者徙泰畤、后土于南郊、北郊，朕亲饬躬，郊祀上帝。皇天报应，神光并见。三辅长无共张徭役之劳，赦奉郊县长安、长陵及中都官耐罪徒。"

4. 动词，供职。

《续资治通鉴》："卿等不必言，其各共乃事。"

5. 动词，共享。

《论语》："愿车马、衣轻裘，与朋友共，敝之而无憾。"

6. 动词，执行、手持。

《诗经》："罔敷求先王，克共明刑。"

7. 动词，抱拳，作揖。

《论语》:"子路共之，三嗅而作。"

8. 动词，围绕。

《论语》:"为政以德，譬如北辰，居其所而众星共之。"

9. 形容词，相同的。

《孟子·滕文公上》:"夏曰校，殷曰序，周曰庠，学则三代共之，皆所以明人伦也。"

10. 副词，一同，一起。

《核舟记》:"苏、黄共阅一手卷。"

11. 副词，总共，共计。

《核舟记》:"通计一舟，为人五；为窗八；为箬篷，为楫，为炉，为壶，为手卷，为念珠各一；对联、题名并篆文，为字共三十有四。而计其长曾不盈寸。"

12. 介词，与。

《滕王阁序》:"落霞与孤鹜齐飞，秋水共长天一色。"

| 05 |

心：
中国古代解剖学

古代有一句很重要的话："仰则观象于天，俯则观法于地……近取诸身，远取诸物。"这句话是说最早的汉字形体大多是我们的祖先根据自己观察到的事物创造出来的。这句话道出了古人造汉字的基本方法。

在这一篇中，我要讲的"心"字最能体现古人"近取诸身"的造字特色，因为心脏可是人们平时难以接触到的内脏。通过这个例子，我们一起来见识一下古人细致入微的观察能力。

从前有个说法：我们中国的传统文化强调"身体发肤，受之父母，不敢毁伤"。所以在古代，儒家一直把人体解剖置于伦理规范的禁区，这就导致解剖学在中国传统医学的体系中发展得很慢。既然探索人体内部秘密的解剖学都被禁止了，祖先造"心"字的时候拿什么作为参考呢？

王莽的人体解剖

事实上，关于古代人不懂解剖的说法并不全面，也不准确，因为在中国历史上，确实有史书记载过一次人体解剖实验。这次解剖发生在西汉与东汉之间的王莽篡夺汉家天下的那段时期。王莽曾经下令让一批医生和屠夫合作，把一个死刑犯当成解剖的标本，测量了人体五脏的实际位置，还有血管、经脉的实际走向。据古书记载，王莽号称做这件事的目的是治病。也有学者认为，这次人体解剖实验对推动中医经脉学说的发展起到了至关重要的作用。

其实，在中国古代，即使人们不能解剖人体，也可以解剖动物呀！动物的内脏在中华美食中可是必不可少的食材，所以祖先造"心"字时就算没法近取诸身，还可以远取诸物嘛。

"灵台方寸山，斜月三星洞"

我们要讲的"心"字简直就是个活生生的解剖标本。我们通过学习"心"字的造字过程，就能了解汉字不光蕴含着传统文化，其背后还潜藏着不少科学元素呢。

我们先来看看"心"字是怎么写的。如果你读过我创作的《王弘治给孩子讲西游记》，你应该还记得我提到过孙悟空的师父须菩提祖师住的洞府叫什么名字。《西游记》的原著中有这样一句话："灵台方寸山，斜月三星洞。"这句话中的"斜月三星洞"其实是一个字谜，而谜底就是一个"心"字。"心"字的下半部分是一个躺下的弯钩，的确有点儿像一轮新月；上半部分在左、中、右各有一点，好像是夜空里围绕着明月的星星。读懂《西游记》的读者都心悦诚服地说："这个字谜实在绝妙。"不过，我们如果从古汉字的来源这个角度看，"心"这个字就跟星星、月亮一点儿关系都没有了，它就是一个标准的象形字。

甲骨文　金文　战国文字　篆文

"心"字的演变过程

上面这一组插图从左至右分别呈现的是商代甲骨文"心"、周代的金文"心"、战国文字"心"和秦代小篆"心"字。甲骨文"心"字的字形就很接近心形。可是我们仔细观察就会发现，甲骨文"心"字里有些像钩子一样的笔画，它们代表什么呢？你再看第二张周代金文"心"的插图，应该就能猜出来了，原来在古汉字里，祖先已经把心脏的内部构造清清楚楚地给画出来了。

我们仔细观察金文"心"的写法，字的上部左右两个围起来的部分，就是心脏里的左心房和右心房，下部居中围的圈里还有一竖，正好区隔开了左心室和右心室。特别有意思的是，从古汉字"心"的字形比例来看，左心房、右心房还比左心室、右心室略小一点儿，这跟人的心脏结构非常相似。你再拿古汉字"心"的字形跟下面这张心脏结构示意图仔细对比，是不是也对祖先造字的一丝不苟、实事求是的精神佩服得五体投地？

第 5 篇　心：中国古代解剖学

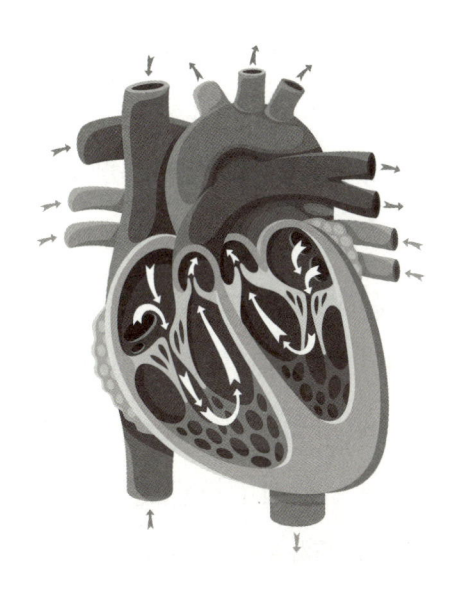

人类心脏解剖图

比干的七窍玲珑心

关于"心"字的字形变化，即使在一些看起来荒诞不经的古代传说里，也有科学的影子若隐若现。《封神演义》里就提到了一个关于"心"的故事。这个故事说的是殷纣王的王叔比干是一位大忠臣，传说他的心脏长得跟普通人不同，被称作"七窍玲珑心"。这颗七窍玲珑心有沟通天地万物的神奇功能。比干实在看不惯纣王和狐狸精妲己的胡作非为，直言上谏。结果，他惹恼了残暴的纣王，狐狸精妲己乘机煽阴风点鬼火，撺掇纣王挖掉了比干的心。

《封神演义》这段故事不是完全瞎编的，比干长了一颗七窍玲珑心的说法是从《史记》里流传下来的。《史记·殷本纪》中，纣王要杀害忠臣比干，就说："我听说圣人的心都长有七窍，我要挖出你的心来看一看。"我们由此可以看出，心有七窍这个说法是从上古流传而来的。

事实上，心有七窍这个说法能得到解剖学的支持。不信，你再仔细观察心脏示意图，数一数心脏上一共有几根供血液循环的血管：首先是心脏大动脉有三个向上的出口，其次有一根上腔大静脉，再加一根肺动脉，最后加上两根肺静脉——这些大血管加起来正好有七根。古汉语中，所谓的"七窍"就是七个洞的意思。人的心脏正是靠这七个洞连接着血管，把血液输送到人体全身各处。《史记》写成的年代比王莽搞人体解剖的年代还早了一百来年呢，所以，"心有七窍"这个说法能反映出我们的祖先对于心脏的结构很早就有非常清晰、细致的了解。

性

接下来，我们再来看看"心"这个字在汉字里的变形。"心"字发展到小篆体，古人出于美观的考虑，将原来字形下方圆润的包围结构变成了一笔长、一笔短的样子。这长的一笔如果躺平，就是斜月三星洞的谜底——"心"字的写法了；如果把这一笔竖着拉直，那就是后来"忄"的原形。我们来看"性"字的小篆体，左边的"忄"还是心脏的象形呢。

小篆体"性"字

在现代汉字里，"心"字还有一个常见的变形，一般不容易认出来。你有没有注意过这两个字："恭"和"忝（tiǎn）"？这两个字里面都有个偏旁右边比"小"字多了一点。这究竟是怎么回事呢？竖钩的左右各一点就是"小"字，右边多一点，就还是斜月三星的"心"字。你可以在下面的插图中仔细观察"恭"的小篆体是怎么写的。这里是不是有个"心"字？

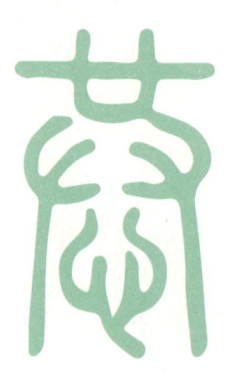

小篆体"恭"字

  双手把东西供奉上去，心里怀着恭敬的感情，这就是"恭"作为一个形声字的造字原理了。而"舔"这个字，右边是声旁"忝"。"忝"字原来在古汉语里有内心感觉耻辱的意思，所以才会加一个"心"字在里面。只不过，古代汉字字形的变化有时有点儿随性，比如"心"字，当它站在字的左边成为"忄"时只保留两点，而躺在字的下边时还保留三点。但万变不离其宗，我们看看古汉字——还是那个"心"字。

  好了，"心"这个象形字我们就先讲到这里。我们从"心"这个汉字就能看出古人造字有多用心。

汉字撷英

词性解析

心

1. 名词，心脏。

《吕氏春秋》："其祀中霤（liù）。祭先心。"

2. 名词，内心。

《诗经》："日月阳止，女心伤止，征夫遑止。"

3. 名词，思想。

《卖炭翁》："可怜身上衣正单，心忧炭贱愿天寒。"

4. 名词，精神、情绪。

心神惝恍、心猿意马

5. 名词，中央。

《琵琶行》："东船西舫悄无言，唯见江心秋月白。"

063

恭

1. 形容词，谦和、有礼貌。

《史记·魏公子列传》："公子执辔愈恭。"

2. 形容词，宏大。

《国语》："昔先主文子少衅于难，从姬氏于公宫，有孝德以出在公族，有恭德以升在位，有武德以羞为正卿，有温德以成其名誉，失赵氏之典刑，而去其师保，基于其身，以克复其所。"

3. 形容词，整齐。

恭笔字画。

4. 动词，奉行、遵守。

《尚书》："有扈氏，威侮五行，怠弃三正。天用剿绝其命。今予惟恭行天之罚。"

5. 动词，作揖行礼。

《儒林外史》："请过了文昌，大人朝上又打三恭，书办就跪请各举子的功德父母。"

| 06 |

"血"的字形很神圣

在上一篇中，我们了解了"心"字背后的故事，看到古人造"心"字的时候是如何精准地再现了心脏的解剖结构。在这一篇中，我们要讲人体当中另一种必不可少的物质，祖先给它造字比起给心脏造字难度更高，因为它没有固定的形状。这究竟是人体里的哪种物质呢？我也不故弄玄虚了，它就是在我们身体内一刻不停地循环流动的血液。

我们先来看看现在的"血"字是怎么写的。乍一看,"血"字的字形跟另外一个字"皿"很像。简单地说,"血"字就是"皿"字的头上多了一撇。可是,器皿跟人体里的血液有什么关系呢?我们先来看看这两个字的古汉字写法。

甲骨文"皿"字 　　　　　甲骨文"血"字

第❻篇 "血"的字形很神圣

皿

　　请你仔细观察上页的插图，左边这个像高脚杯一样的古汉字就是"皿"字，在现代汉字里也能看出这个形状的影子。右边是甲骨文里的"血"字，它的样子好像是像高脚杯一样的器具里装着什么东西。那么，这个"皿"字里面一点一点的东西到底是什么呢？在甲骨文里，这样的符号一般是用来表示液体的。所以甲骨文"血"的字形，就是古人结合了器皿和液体两种字形，用会意的造字方法来表示血液的意思。

　　你可能会问：血不是应该在血管里流淌吗？"血"为什么要放在这个"皿"里呢？这是因为在古人的眼里，血液是一种神圣的液体，有神奇的魔力，它代表的重要意义远远超过了人体本身。

　　接下来我就要给你讲讲血在中国古代文化中不同寻常的地位。你看完下面这三个小故事，就知道"血"字的字形为什么和"皿"字有关了。

毛遂自荐

如果你读过我创作的《名师带你读史记》，一定对"毛遂自荐"这个故事有印象：赵国平原君的门客毛遂，在赵国都城邯郸被秦国包围的危急时刻挺身而出，帮助平原君出使楚国订立盟约。这个故事就跟血有密切的关系。

"毛遂自荐"的故事里有一个重要的细节：平原君和楚王谈判，谈了半天也没法得到楚王的支持。这时候毛遂拔剑而起，来到大殿上。楚王见一个小小的门客居然这么不讲规矩，随随便便就冲进来了，马上呵斥毛遂。可是毛遂在怒不可遏的楚王面前不卑不亢，痛陈利害，甚至直接指出楚王惧怕秦国的懦弱心理，把楚王说得无地自容。毛遂一看楚王被自己的一番慷慨陈词说动了，干脆趁热打铁，命令楚王的侍从："快点儿取鸡血、狗血、马血来。"毛遂要干什么？原来他认为空口无凭，为了让楚王遵守出兵救赵的诺言，要歃血为盟。什么叫"歃血"呢？就是用手指蘸血，涂在立盟约双方的嘴上，向天发誓永远不会背弃盟约。可见，只有鲜血才能充当誓约的凭证。

楚王的侍从把鲜血装在一个铜盘里。楚王、平原君和毛遂按照顺序用手指蘸了铜盘中的鲜血涂抹在嘴唇上，楚赵联合对抗秦国的盟约才算是正式成立了。"毛遂自荐"的故事里用铜盘装血的这个细节，跟甲骨文里高脚杯盛血的造字原理如出一辙。

第 6 篇 "血"的字形很神圣

"盟约"的"盟"字在古汉字里跟"血"其实就是一个字。现在"盟"字的写法是上半部分一个"明亮"的"明",下半部分一个"器皿"的"皿"。但是《说文解字》早就指出,"盟"的下面应该写成"鲜血"的"血"。现在的"盟"字漏了关键的一撇。

甲骨文"盟"字

你可以看看插图中"盟"字最早的写法,跟"血"没有区别。这就能进一步证明,古人造"血"这个字时,就是为了突出血是在天地鬼神面前订立神圣盟约必不可少的一样东西,才把血画在了一件庄重典雅的青铜器皿里,而不是画成在血管里流动的样子。

在古代，血不光在神圣盟约中发挥作用。古人如果希望一件东西能够得到神的保佑，就会在这件东西上涂上动物的鲜血，这种仪式就叫作"衅"。这个"衅"字左半部分是"血"字，右半部分是"半"字。"衅"这个字的本义是器物上的裂缝，所以现在"挑衅"这个词的意思就是一个人故意挑刺儿，就好像拿着放大镜在一件瓷器上找裂纹似的。"衅"这种涂血的仪式就是把鲜血涂到器物的裂缝上，希望这小小的瑕疵能得神的保佑，不会越裂越深，最后把整件器物毁了。

易之以羊

孟子曾讲过一个小故事：有一回，齐宣王坐在朝堂上，看见有人牵着一头牛从堂下经过。这头牛一边走，一边浑身直打哆嗦。齐宣王感到奇怪，牛为什么会打哆嗦呢？他就把牵牛人叫上堂来询问。牵牛人回答："这头牛要被牵去衅钟。""衅钟"就是杀了牛，把牛血涂抹在新铸好的青铜大钟上。在古代，铸造大钟是一项非常精密困难的工作，工匠一不小心就会铸坏钟的器形，造出音准不对的大钟。因此，工匠为了祈祷新铸好的大钟完美无瑕，就要杀一头牛，用牛血来求神保佑。

据说牛也是一种很通人性的动物，它知道自己要小命不保，才吓得浑身哆嗦。齐宣王看到牛的可怜样，动了恻隐之心，说："我不忍心看到这头牛吓得发抖的样子。它好像是一个无罪之人被绑赴刑场，你们还是放了它吧。"牵牛的人一听，着急地说："大王，难道衅钟的仪式就这么取消啦？"齐宣王心想：是啊，衅钟也要紧啊！哎，有办法了，换一只羊去吧。这就是著名的"易之以羊"的故事。我们通过这个故事，就知道血在古人的各种典礼仪式上都有不可替代的重要地位。

在甲骨文里，学者发现血不仅被用来衅钟，甚至还会被涂抹在城墙上，用来祈祷城墙能坚固不倒，抵御敌人的进攻呢。

碧血丹心

最后一个故事是成语"碧血丹心"的由来。"碧"，就是碧绿色。你可能感到很奇怪：血明明是红的，怎么说是"碧血"呢？这个典故是从《庄子》这本书里来的。

传说东周的一位大臣苌弘，学问渊博，甚至能够推算未来的走势。孔子来到都城洛阳的时候都曾经向他请教问题。

苌弘一心想振兴日渐衰落的周王室，谁知，他的抱负却惹得春秋霸主晋国不高兴了。晋国不希望周王室强大，因为它不想把统领诸侯的权力拱手还给周天子。于是，晋国就想出了一个坏主意：伪造了一封苌弘企图勾结晋国大夫发动政变的密信，故意遗忘在周天子的宫殿里。这封捏造的信被传到了天子周敬王的手里。愚蠢的周敬王看了这封信后大惊失色，不问青红皂白就把苌弘给杀了。

苌弘临刑之前对人说："我死之后，请把我的血液盛在盒子里，三年以后再打开。"苌弘的血就被人偷偷地收藏了起来。三年以后，人们打开盒子，发现苌弘的鲜血居然化为一块晶莹剔透的碧玉。这块玉就代表了苌弘高洁无私的人格，表达了忠臣苌弘虽然含冤而死，但他的精神却如这块鲜血凝成的碧玉一样坦荡无瑕。从此，"碧血"就成了千古忠魂的代名词，血也从古代祭祀典礼上的神圣祭品，升华成中华民族优秀精神品格的象征。

你读完这三个小故事就知道血为什么在中国古代有这么高的历史地位了吧？现在我们依然会用"有血性"来赞美一个人拥有忠义赤诚的品格，这和血自古以来在中国人心中的神圣地位是分不开的。

汉字撷英

词性解析

血

1. 名词，本义指供祭祀用的牲口的血。

《周礼》："以吉礼事邦国之鬼神示，以禋（yīn）祀祀昊天上帝，以实柴祀日、月、星、辰，以槱（yǒu）燎祀司中、司命、风师、雨师，以血祭祭社稷、五祀、五岳，以貍（lí）沈祭山林、川泽，以疈（pì）辜祭四方、百物。"

2. 名词，血液。

《公羊传》："盖叩其鼻以血社也。"

3. 名词，伤心的泪水。

《伤子》："老夫哭爱子，日暮千行血。"

4. 名词，血管、经脉。

《柳毅传》："闻子之说，气血俱动，恨无毛羽，不能奋飞，是何可否之谓乎！"

5. 动词，读"xuè"，用鲜血涂。

《资治通鉴》："方今计独有斩错，发使赦吴、楚七国，复其故地，则兵可毋血刃而俱罢。"

073

6. 动词，读"xuè"，杀死。

《李白酒楼记》："挥直刃以血其邪者。"

7. 形容词，读"xuè"，指关系密切。

《太玄》："亲附疏，割犯血。"

8. 形容词，读"xuè"，指因一时冲动而产生的勇气。

血气之勇。

9. 形容词，读"xuè"，红色的。

《徐霞客游记》："村庐不多，而皆有杜鹃灿烂，血艳夺目。"

盟

1. 动词，本义，在神前结盟。

《史记·陈涉世家》："为坛而盟，祭以尉首。"

2. 名词，誓言。

《贺新郎》："终待说、山盟海誓。这恩情、到此非容易。"

3. 名词，盟约。

《史记·孔子世家》："要盟也，神不听。"

4. 名词，内蒙古自治区的行政区域。

锡林郭勒盟、阿拉善盟、兴安盟。

| 07 |

耳朵跟结婚有啥关系

在这一篇中,我们继续讲跟身体有关的汉字。

有故事的汉字文化课

耳

甲骨文"耳"字

小篆体"耳"字

耳朵是人脸上最醒目的器官之一，古人比着它来象形造字可是再省力不过了。左边这幅插图是一个甲骨文"耳"字，这个"耳"字简直就是一幅耳朵的简笔画嘛。

到了战国的时候，"耳"跟以前的画风有了明显的差异，方块字的特征越来越明显，但是我们从战国时期的"耳"字还是能隐约看出耳朵的形状。

现代汉字"耳"的写法基本就是从战国时期的这个字形一步步变形而来的。下面的插图展示的是秦、汉两个朝代"耳"字的写法，你肯定能一眼认出它们跟现代汉字"耳"之间的联系。

第 7 篇　耳朵跟结婚有啥关系

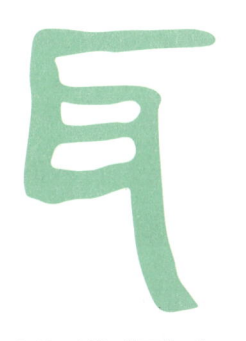

秦代时的"耳"字　　　　汉代时的"耳"字

"耳"虽然字形平平无奇，但是做偏旁时却引出了许多有趣的古代故事和风俗。在这一篇中，我着重给你讲两个字，一个是"聃"字，还有一个是"娶"字。我们来看看，耳朵在这两个字里发生了什么有趣的故事。

我首先向你隆重推荐的"聃"这个字，虽然平时并不多见，却是中国古代一位大人物的名字。你知道这位大人物是谁吗？我给你两条线索：第一，他是一位大思想家，孔子还专门向他请教过问题；第二，他被后世的道教尊为祖师，你读《西游记》时经常能看到有关他的故事。你猜出来了吗？没错，他就是后来被称为"太上老君"的先秦思想家老子。

据说，老子姓李，名耳，字聃。请注意，古人的名和字一般都是有意义联系的。比如《三国演义》里关羽字云长，"羽"和"云长"合起来表达了鸟儿是靠羽毛在云中翱翔的意思；张飞字翼德，"翼"就是翅膀，与"飞"形成了呼应关系。这就是古人名字里的讲究。老子的名和字也有意义联系，"耳"就是指耳朵，而"聃"的意思是指耳朵又长又大。

大耳朵的老子

民间有句俗话，耳朵大有福。老子的耳朵究竟有多大呢？古书上还真有记载：晋朝有一位叫葛洪的道教宗师在自己的书里说"老子耳长七寸"。晋朝的一寸比现在的一寸要短些，大概是2.5厘米，那么"七寸"就是17.5厘米。我量过自己的耳朵，大概8厘米长，老子的耳朵比我的长一倍！他的耳朵真是大。

大耳朵的刘备

除了老子，中国历史上还有一位著名的"大耳朵"，他就是关羽和张飞的大哥刘备。刘备在《三国志》里有个不太好听的外号叫

第 1 篇　耳朵跟结婚有啥关系

"大耳贼"。这是吕布临死前因恨刘备落井下石骂出口的。刘备的耳朵有多大呢？他能用眼角余光看到自己的耳朵。你可以试试看能不能不照镜子就看到自己的耳朵。我已经试过了，即便用手拽着耳朵也不能瞥见丝毫啊。大耳朵的刘备后来成了蜀汉的皇帝，难道民间说的耳大有福的俗语确有其事吗？

我告诉你，这种说法毫无依据，是彻头彻尾的迷信。但是，这种说法是怎么来的呢？它是来自古人对神的形象的想象。近年来，考古学家挖掘出的很多人形立像都有"大耳朵"这一特征。原来，古人把耳朵又细又长当作天人的一个特征。天人就是天神的侍从，有点儿像西方人说的天使。

铜鎏金羽人像，东汉，洛阳博物馆藏

神是凡人崇拜的对象，一个凡人能长着神一样的耳朵，自然会让别人觉得了不起。不过，在真实生活中，凡人如果真的长了这么大的耳朵，绝对不是正常的现象啊，最好还是请医生看一看吧。

娶

"娶"这个字很有趣，它的上半部分是取东西的"取"，下半部分是"女"字。这个字的结构看起来简单，却有很大的争论。有人认为它是形声字，"取"是声旁，"女"是形旁；有人认为"娶"是会意字，上下部分合在一起表示取得一个女子的意思。"娶"字的结构看似平平无奇，却能让人从中感受到血雨腥风。娶媳妇能娶出血雨腥风？这里的秘密就跟"娶"字里的"耳"有关了。

取东西的"取",左半部分是"耳"字一目了然,那么右半部分是什么呢?"取"字右半部分的这个"又"字其实是"右"最初的写法。"耳"和"右"合在一起,一只手去拿一只耳朵,这就是"取"字了。这是一种会意的造字方法。有人看了这个字形感到十分好奇:人有五官,这只手为什么偏偏去取一只耳朵呢?其实,这与一种古代战争的风俗有关。

商鞅的战功算法

战国时期,商鞅在秦国推行改革,其中最重要的一条政策就是奖励战功。当时,老百姓只要在战场上立了功,都能被提拔奖赏。那么,朝廷如何计算百姓立下的战功呢?商鞅想出了一个简单粗暴的方法——算人头。一个老百姓能从战场上割回来几个人头,就算他有几级功劳。"首级"这个说法就是从这里来的。

商鞅奖励战功的政策在秦国取得了成功,不过也很快暴露了问题：人头很沉，如果一个士兵杀死了好几个敌人，是很难把所有人头都搬回来的。所以，一个计算军功的新办法应运而生了——百姓把敌人的左耳朵割掉，带回来也算数。古代还专门用汉字"聝"来表示割敌人左耳朵这件事。

不过，古人造"取"这个字的年代可比商鞅变法早多了，有些汉字学者认为这个字说的不是打仗，而是抢老婆。据说在很多民族的早期历史里，都流行过一种特殊的婚姻制度——抢婚制。男人要像抓奴隶一样，揪着女人耳朵回家，与她成亲。

古罗马抢亲的故事

在古罗马，流传着一个抢婚的传说故事。罗马城的建城者是喝母狼的奶长大的罗慕路斯。罗慕路斯刚建立罗马的时候，纠集了一群亡命之徒。这群家伙都是取不上妻子的光棍。罗慕路斯心想：这可不好，如果我们这群人一辈子打光棍，将来后继无人，不是白白浪费了建造罗马城的功劳吗？于是他动起了歪脑筋，打起附近一个叫萨宾部落的主意来了。

罗慕路斯谎称他在建城的时候发现了一个祭神的祭坛，要办一个盛大的敬献天神的节日。他为此准备了好酒好肉，还有娱乐节目，邀请萨宾部落来一起玩儿。在任何一个时代，有酒有肉的招待都不是经常有的，所以萨宾人受到邀请非常高兴。他们都穿上节日盛装，高高兴兴地钻进了罗慕路斯的圈套。

酒过三巡，萨宾人都有点儿喝醉了，罗慕路斯把自己身上的披风一甩，释放出行动的信号，罗马的老光棍们立刻拿出藏好的武器，先把萨宾的男人都赶走，接着就跟狼入羊群一样，把心仪的萨宾女人抢回家当老婆了。

罗马人的所作所为让萨宾人蒙受了奇耻大辱，萨宾人发誓报仇。不过这个故事的结局发生了逆转：萨宾人为了打败罗马人苦苦准备了一年，终于等到了跟罗马人刀刃相见的日子，可就在冲突一触即发的时刻，萨宾妇女们高举着自己的宝宝冲到两军阵前，呼唤和平。原来，这些被抢的萨宾妇女们看到发生争端的一方是自己的父亲和兄弟，另一方是自己孩子的父亲，觉得血浓于水，不可兵戎相见。最后，在亲情纽带的联结下，罗马人和萨宾人化干戈为玉帛，结为盟友。

有文化学家解读这个萨宾妇女平息纷争的故事指出，其实它从侧面体现了古罗马人的抢婚风俗。还有人类学家发现，中国南方的少数民族也有抢婚风俗，不过大多是正式婚礼中的一个象征性的环节而已；也有人说汉族结婚流行闹新房是抢婚的遗风呢。

所以，娶老婆的"娶"，其本义很可能是用蛮力抢回来的意思。不过这种说法没有什么事实依据，只能作为汉字的"小八卦"稍微了解一下。

汉字撷英

词性解析

取

1. 动词，捕获。

《周礼》:"大兽公之，小禽私之，获者取左耳。及所弊，鼓皆骇（hài），车徒皆噪，徒乃弊，致禽馌兽于郊。"

2. 动词，斩获敌人的首级。

《阳关曲》:"恨君不取契丹首，金甲牙旗归故乡。"

3. 动词，拿。

《卖油翁》:"乃取一葫芦置于地，以钱覆其口，徐以杓酌油沥之，自钱孔入而钱不湿。"

4. 动词，通"娶"，娶妻。

《玉台新咏·古诗为焦仲卿妻作》:"今若遣此妇，终老不复取。"

5. 动词，挑选、选拔。

《游褒禅山记》:"此所以学者不可以不深思而慎取之也。"

6. 动词，招致。

《上水遣怀》:"中间屈贾辈，谗毁竟自取。"

7. 动词，得到、获得。

《荀子·劝学》："青，取之于蓝，而青于蓝。"

8. 动词，夺取。

《史记·廉颇蔺相如列传》："赵惠文王十六年，廉颇为赵将，伐齐，大破之，取阳晋，拜为上卿，以勇气闻于诸侯。"

9. 动词，会集、聚合。

《左传》："郑国多盗，取人于萑（chuán）苻（fú）之泽。"

10. 动词，积蓄。

《晏子春秋》："今夫田无宇，二世有功于国，而利取分寡，公室兼之，国权专之，君臣易施，而无衰乎！"

11. 动词，跑，快速离开。

《韩非子·难势》："夫良马固车，使臧获御之，则为人笑，王良御之而日取千里。"

12. 动词，走向、趋同。

《史记·秦始皇本纪》："人闻令下，则各以其学议之，入则心非，出则巷议，夸主以为名，异取以为高，率群下以造谤。"

13. 副词，只、仅仅。

《孟子》："杨子取为我，拔一毛而利天下，不为也。"

14. 助词，着。

《过零丁洋》："人生自古谁无死，留取丹心照汗青。"

| 08 |

眼睛不是眼睛

有句俗语很有意思——鼻子不是鼻子，脸不是脸。这句话是用来形容故意不给人好脸色看。我就把这句俗话稍微改动一下作为这一篇的题目，叫"眼睛不是眼睛"。我们来看看代表眼睛的汉字字形发生了哪些奇特的变化。

有故事的汉字文化课

目

我为什么要给这一篇命名"眼睛不是眼睛"呢？我先来给你讲讲最早代表眼睛的汉字是哪个吧。这个字就是"目"字。"目"是一个特别标准的象形字。只不过现在"目"的字形好像一个长方形框里加了两层隔板，和一个微缩版的大立柜差不多。那么，这个像立柜一样的"目"字跟眼睛究竟有什么关系呢？你看插图中古汉字"目"的写法，就能马上明白——说"目"是一个象形字真是一点儿没错啊。

甲骨文"目"字

甲骨文里的两个"目"字都画的是一个细长的眼眶中间嵌了一颗眼珠子。右边这个字更形象，好像大眼珠里还有一点来代表瞳仁。甲骨文里的"目"字跟正常人的眼睛一样，是横向的，可是后来就

第 8 篇　眼睛不是眼睛

渐渐出现把"眼眶"竖起来的写法。请你仔细观察下面的插图，左边是周代青铜器上的铭文，右边是战国时期"目"字的写法。

金文"目"字 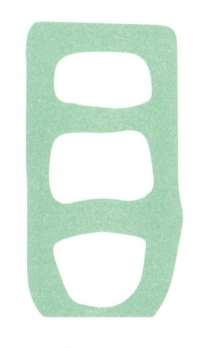　　　　　　　　秦系简牍文字"目"

古人把原本横向的眼睛竖起来，有什么特别的讲究吗？

原来，古人有"纵目"的传说。纵目的意思就是眼睛从水平方向变成了垂直方向，也就是竖起来了。谁的眼睛会竖着长呢？我还真给你找到了一位，他就是传说中的神仙——二郎神。二郎神有三只眼，其中第三只眼就是长在他额头上的一只竖着的眼睛。

彩绘二郎神木雕像，清朝，上海闵行博物馆藏

089

不过，我只是拿二郎神给你举个例子，据说二郎神的原型是战国时候主持修建都江堰的蜀郡太守李冰的儿子，所以他的生活年代比"目"字的产生年代可晚多了。

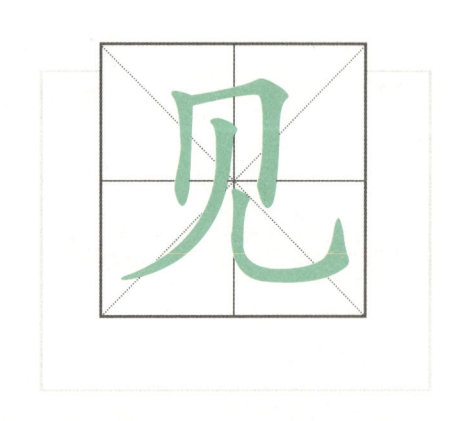

"目"的字形无论是横还是竖，两种写法都曾在古汉字里出现过，之所以最终定为竖着写，可能只是古人偶然的选择。我举一个例子，"见"这个字里面就藏着一个"目"字，你能找出来吗？

"见"字的甲骨文、隶书和草书写法

你仔细观察上面的插图。第一个是甲骨文里的"见"字，下半部分是一个跪坐的人形，上半部分是一只横着的大眼睛，这两部分合在一起表示的意思是人用眼睛在看，所以"见"就是一个会意字。

第 8 篇　眼睛不是眼睛

到了秦汉时期，甲骨文"见"中的这只横着的眼睛就竖起来了。插图中间的字就是汉代隶书的"见"，也就是后来的繁体字"見"。这时候"目"字还清清楚楚保留着呢。那么，为什么"见"字后来发展到简体，字形里的"目"就不见了呢？这是古人连笔书写草书的时候给省略了，插图中的第三个字就是晋代大书法家王羲之写的"见"字，跟现在的简体字"见"相差无几。

当然有的时候，古人也会故意把"目"给竖起来，表示一种特别的意思，不过这可不是为了描述神仙鬼魅的样子，而是描述奴隶顺服的样子。

甲骨文"臣"字 　　　　　　　　小篆体"臣"字

091

"率土之滨，莫非王臣"

请你仔细观察前面的插图，可以看出这个竖起来的眼睛是"臣服"的"臣"字。在古汉语里，"臣"最早的意思不是大臣，而是指男性奴隶。《诗经》里说："溥天之下，莫非王土；率土之滨，莫非王臣。"这句诗的意思是说：天下的土地都是王的，到这片土地的尽头，所有的人都是王的奴隶。

古人为什么用把眼睛竖起来的字形表示奴隶呢？这是在模仿奴隶在主人面前卑躬屈膝的样子。你想象一下，当奴隶低着头弯着腰匍匐在地的时候，他看主人是什么视角呢？他会把脸侧向一边，用斜着向上看的视角对不对？这时候他的眼睛不就像是竖起来的了吗？那么，这个字的意思是如何从奴隶变成了尊贵的大臣的呢？其实大臣就是供皇帝使唤的人，清朝的大臣在皇帝面前还自称"奴才"，这个倒完全符合古人当初造"臣"字的初衷。

在古代汉语里，"臣"与"民"常并称为"臣民"，"臣"和

"民"的造字原义都是奴隶,"民"是比"臣"更卑微的奴隶。"民"也是一个会意字,字形里隐藏着一只看不见的眼睛。我们已经知道会意字常由不同字形拼在一起表示意义,但"民"字看起来却很简单,没有会意字的明显特征。

甲骨文"民"字　　　　金文"民"字

上面的插图里分别是殷商甲骨文和周代金文的"民"字,从图中能看清楚一只眼睛的形状了,不过在眼睛的下方,好像插着一个什么东西。文字学家解释说,"民"的字形是表示用一个尖锐的东西把眼睛扎瞎,这是古代奴隶主为防止奴隶逃跑而采取的一种血腥手段。

古罗马的奴隶

历史学家发现,古罗马有奴隶主扎瞎奴隶眼睛的真实历史记录。据史料记载,古罗马的奴隶主把扎瞎双眼的奴隶拴上铁链,赶到田里去干活。文字学家还发现,在古汉字的"目"里,表示眼珠的地方常常会有一点,代表瞳仁,可是"民"这个字里的"目"却没有这一点。

文字学家认为,"民"字里没有这一点,可能表示奴隶的眼珠子被挖了。后来奴隶越来越少了,"民"的意思就逐渐变成底层的老百姓了。

眼

我们讲完了几个跟"目"有关的汉字,现在可以正式切入这一篇的正题了——眼睛不是眼睛。这个主题的意思是:现在"目"这个字被"眼"给代替了,可是在古代,"眼"和"目"指的并不是一回事。

赵孝成王观虎眼

这是《韩非子》里的一个故事,讲的是发生在战国晚期赵孝成王身上的事。赵孝成王就是用了纸上谈兵的赵括,后来在长平之战惨败的那位赵王。

有一天,赵孝成王去看圈养的老虎。小宦官们用绳子拎着死兔子去逗坑里的老虎,老虎扑来扑去,老是扑不着,憋了一肚子火,于是就瞪大了眼睛发脾气。

第 8 篇　眼睛不是眼睛

《韩非子》里记载，老虎这时"盼然环其眼"。"盼"这个字可以理解为一个会意字，意思是眼睛黑白分明。"环其眼"就是瞪大了眼睛以后，黑色的眼珠子周围环绕着一圈眼白。在《三国演义》里，罗贯中用"豹头环眼"来形容张飞瞪圆了眼珠，面目狰狞。

赵孝成王看见老虎瞪眼睛，被吓了一头汗，说了句："可恶哉，虎目也。"他的意思是说：老虎的眼睛好可怕呀。注意，这里用了"目"这个字，跟刚才"环其眼"的"眼"不一样。"环其眼"的"眼"是指老虎突起的眼球，而虎目的"目"就指"目"字的象形意义——包括眼眶、眼珠等的整个眼部。简单来说，古汉语中的"目"字就是指现代人说的眼睛，而古汉语中的"眼"就是特指眼球。

阮籍的青白眼

我再讲个小故事，帮助你理解"眼"在古汉语里的意思。古代有个著名的典故叫"青白眼"，说的是三国时候"竹林七贤"之一阮籍的事。阮籍是个风流名士，脾气也很古怪，他有个本领——白眼翻得特别好。阮籍跟自己意气相投的人交往，就正眼相待；要是他看不上的俗人来找他，他就翻白眼，而且能把眼珠子翻得一点儿黑都没有，连话都懒得说。俗人一见这双骇人的白眼，也就知难而退，不会再去打扰他了。"青眼"就是指黑眼珠，"白眼"就是指纯眼白。如果把"青白眼"说成"青白目"，那就像在说眼睛周围画了白色眼影。

汉字撷英

词性解析

见

1. 动词，看到。

《乐府诗集·木兰诗》："昨夜见军帖，可汗大点兵，军书十二卷，卷卷有爷名。"

2. 动词，见面。

《搜神记》："于是即将雌剑往见楚王。"

3. 动词，碰到。

《左传》："宋华父督见孔父之妻于路，目逆而送之……"

4. 动词，听到。

《梁甫吟》："君不见，高阳酒徒起草中，长揖山东隆准公。"

5. 动词，观察、得知。

《韩非子》："道在不可见，用在不可知。"

6. 动词，比试、较量。

一见高下。

7. 名词，观点。

《晋书》："私慕鲁女存国之志，敢陈愚见，触犯天威。"

8. 助词，表示被动。

《史记·廉颇蔺相如列传》："臣诚恐见欺于王而负赵，故令人持璧归，间至赵矣。"

9. 助词，用在动词前面表示对"我"怎么样。

《柳毅传》："贱妾不幸，今日见辱问于长者。"

10. 形容词，读"xiàn"，现成的。

《史记·项羽本纪》："今岁饥民贫，士卒食芋菽，军无见粮，乃饮酒高会，不引兵渡河因赵食，与赵并力攻秦，乃曰'承其敝'。"

11. 形容词，读"xiàn"，现在的。

《二刻拍案惊奇》："况且见赌着利物哩，他如何肯让？"

| 09 |

溺爱是一件很肮脏的事

在这一篇中,我们来讲讲"有味道"的文字,了解一下"屎"和"尿"这两个字的文化内涵。你可能会问:屎尿这种又脏又臭的东西会有什么文化?请不要怀疑,"屎"字和"尿"字背后的文化可深着呢,庄子他老人家都宣称"道在屎溺"啊!

"道在屎溺"

由于庄子这位得道高人如此高调地提到"屎溺"一词，代表这种脏东西的汉字也变得高大上起来了。为了打消你对"屎"和"尿"两个字残存的偏见，我就先来讲一讲这个"道在屎溺"的典故。

这个故事其实是庄子和一个叫东郭子的人的一段对话。

东郭子向庄子请教："请问道在哪里啊？"

庄子说："道无处不在。"

东郭子觉得这回答太玄乎了，于是追问："请您一定要告诉我道具体存在的地方。"

庄子随手指了指脚下，说："看，蚂蚁身上有道。"

东郭子百思不得其解，问："道怎么会在如此低贱的生灵身上呢？"

庄子一听，此人冥顽不灵啊，于是又指了指外面，说："看，野草里面有道。"

东郭子还是不解，问："这回道怎么到植物身上了？野草还不如蚂蚁呢，蚂蚁好歹是个能动的物。"

庄子继续开导东郭子："砖头、瓦块里面有道。"

"砖头、瓦块连生命都不算了，也有道？"东郭子满脸疑惑。

庄子干脆说："道就在屎尿里面。"

这一下，东郭子彻底郁闷了，终止了聊天。

庄子为什么说道存在于人人避之不及的屎尿里呢？他是在消

遣东郭子吗？庄子又打了一个比方："市场里有人卖猪，想知道这猪壮不壮，懂行的人只要踩踩猪蹄就知道了。如果踩上最不容易长肉的猪蹄都感觉很厚实，那这头猪肯定不瘦。所以如果一个人能体会到连屎尿里都有道的存在，那他一定可以和天地中的道合为一体了。"

然而，这位东郭子就是不开窍，始终无法明白"道在屎溺"的寓意。

甲骨文"屎"和"㞚"

读完这个故事，我们再来研究"屎"和"尿"这两个字的写法。请你仔细观察"屎"和"尿"这两个字，古人把这两个字造得真是惟妙惟肖、妙趣横生。你猜猜：哪个字是"屎"，哪个字是"尿"？你不要着急做判断，我们先来一起研究这两个汉字的文化秘密吧。

我们乍一看这两个甲骨文，好像都画着一个人侧着身体，从臀部排泄了一些东西，只不过一个是从臀部后面掉下来，一个是从臀部前面滋出来。这两个字画的不就是人类排泄大便和小便的状态吗？

这两个字确实是在表示人类在排泄，前面那个看上去一个人在大便的甲骨文，就是我们现在说的"屎"字，只不过它的意思跟现在不一样；而另一个人疑似在小便的甲骨文却不是"尿"字，而是另有其字。

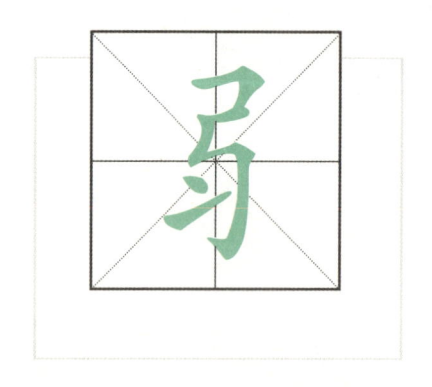

弱

我们如果把这个字按照现代字形写出来，就是"弱"字的一半的样子。它的本意就是尿。但是现在如果表示小便的话，得写成"氵"加一个"弱"才行，这就是我们说的"溺"字。

溺

我们刚才看的那个从前面滋出东西来的字，演变到现在就是

第 9 篇　溺爱是一件很肮脏的事

"溺爱"的"溺"字，所以溺爱可不是什么好事呀。

尿

现在我们常用的"尿"字是由一个"尸"字和一个"水"字组成的，从"溺"到"尿"是怎么演变来的呢？其实，"尿"这个字是后人仿照"屎"字的样子，依样画葫芦造出来的。

屎

我们刚才看的那个像在大便的甲骨文就是"屎"字。"屎"跟"尿"不一样，它继承了甲骨文原来的写法，但是甲骨文"屎"字却没有大便的意思。我从字形入手，先给你解释清楚现在"屎"字下半部分的"米"字是什么意思。另外，还有人注意到了"粪"字的上半部分也是一个"米",可是"粪"却不是大便的意思。

我们为什么要先讲明这个"米"字呢?首先,它跟人平时吃的米不是一回事。

"朽木不可雕也,粪壤之墙不可圬也。"

在《论语》里有个故事,说孔子有个非常聪明的学生叫宰予。宰予头脑灵活,就是做人不够踏实,学习也不够刻苦用功。有一回孔子上课,发现宰予缺席了。同学说宰予还在寝室睡觉呢。孔子一听就不高兴了,认为已经日上三竿,宰予却还在赖床睡觉,实在不像话。后来,孔子就批评他:"朽木不可雕也,粪壤之墙不可圬也。"古代的墙,大多是用筛选过的黄土一层层垒起来的,所以孔子说的"粪壤之墙"并不是指大便垒起来的墙,而是指用垃圾渣土堆砌的墙。由此可见,"粪"在古汉语里是"垃圾"的意思,和大便没有关系。

第❾篇 溺爱是一件很肮脏的事

金文"粪"字

你看看插图中的"粪"的古汉字写法,"米"字的下面有一双"手",两"手"当中是一个长把儿的簸箕,所以最上面的像"米"字的部分就象征垃圾了。这几个部分合在一起表示的意思就是倒出去的垃圾。

这个很像"米"的字,在"胃"字里也有,请你仔细看看插图中的古汉字"胃"。

金文"胃"字

图中的上半部分现在已经被简化成一个"田"字,其实它本来的样子是"米"字外面围了个圈。这个圈象征人的胃,而"米"呢,就是胃里的消化物。如果你见过人的呕吐物,就知道胃里的消化物是稠糊糊、脏兮兮的。

我们弄明白了这个"米"字是什么,就知道"屎"字原来不是一个人在大便的意思。文字学家们现在已经研究清楚了，甲骨文的"屎"字是"更换田地"的意思。

在殷商时代，农业还不发达，一块地被耕种，时间长了，肥力就不足了。但那时候地广人稀，如果农民不懂施肥，当土地歉收，第二年就换一块地耕种。"更换田地"就是"屎"在甲骨文里的原义了。

文字学家关于甲骨文"屎"的字形一直存在争议。我要在此强调的是，古汉字是一门非常严谨的学问，我们绝对不能望文生义，随便乱猜。"屎"字就是一个容易被望文生义，并由此产生误解的例子。

你可能要追问："屎"字是如何变成大便的意思的呢？这就要从读音上找原因了。在古汉语里，表示大便的字有好多不同的写法，在先秦两汉时，古人常常用后世表示箭头的"矢"字表示大便。

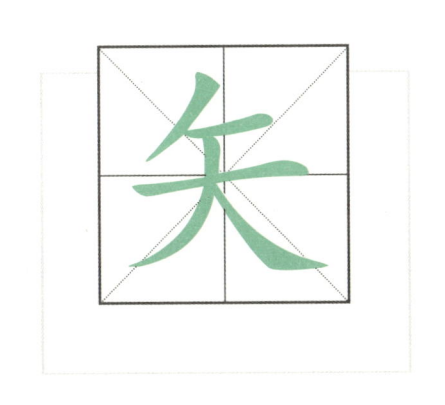

矢

"廉颇老矣，尚能饭，然顷之三遗矢。"

比如著名的"廉颇老矣，尚能饭否"的成语典故，讲的是奸臣在赵王面前造谣，说老将廉颇"一饭三遗矢"，翻译成白话文就是吃一顿饭的工夫去拉了三次屎。

"三遗矢"的"矢"与箭矢的"矢"是同一个字，而"矢"与"屎"同音，后来，人们就为"屎"这个字赋予了"矢"这个字表示的粪便的意思。这种造字法叫作"假借"。

讲到这里，我给你补充一个冷知识。日本有部著名的动画片叫《圣斗士星矢》。"星矢"这个名字表面上看是"星星之箭"的意思，其实这个"矢"就是"屎"的意思，因为这位圣斗士星矢会使一套叫作"天马流星拳"的绝招，在古汉语和一些现代方言里，流星也被称为"星星的屎"，或者"星宿拉屎"。这个说法也被记载在古代的日语词典里。可能创作《圣斗士星矢》的漫画家也了解这个冷知识，才为主人公这样命名吧。

汉字撷英

词性解析

溺

1. 动词，沉没在水中。

《资治通鉴》:"顷之，烟炎张天，人马烧溺死者甚众。"

2. 动词，沉湎于……

《伶官传序》:"夫祸患常积于忽微，而智勇多困于所溺，岂独伶人也哉！"

3. 动词，陷入困顿。

《孟子》:"天下溺，援之以道；嫂溺，援之以手。"

4. 动词，撒尿。

《史记·范雎蔡泽列传》:"宾客饮者醉，更溺雎，故僇辱以惩后，令无妄言者。"

5. 名词，人或动物的尿。

《史记·扁鹊仓公列传》:"中热，故溺赤也。"

矢

1. 名词，箭。

《过秦论》："秦无亡矢遗镞之费，而天下诸侯已困矣。"

2. 名词，古代投壶用的筹码。

《礼记》："投壶之礼，主人奉矢，司射奉中，使人执壶。"

3. 名词，弧弦的半径。

《句股割圜记》："值弧与弦之半曰矢。"

4. 名词，通"屎"，粪便。

《左传》："弗听，乃入，杀而埋之马矢之中。"

5. 动词，通"誓"，发誓。

《论语》："夫子矢之曰……"

6. 动词，通"施"，施行。

《诗经》："明明天子，令闻不已，矢其文德，洽此四国。"

7. 动词，陈述。

《尚书》："皋陶矢厥谟，禹成厥功，帝舜申之。"

8. 动词，布置、陈列。

《左传》："公矢鱼于棠。"

9. 形容词，笔直、耿直、端正。

《诗经》："周道如砥，其直如矢。"

10

"一""二""三"：只是记号

在前面几篇中，我们讲到了关于人体的汉字文化故事，在这一篇中，我们要返璞归真，看看几个字形最简单的汉字："一""二""三"。

"一""二""三"这三个表示数字的汉字，可以说是汉字最早的雏形了。我在本书的第一篇讲过关于古代造字的神话——伏羲造字。那么伏羲究竟是不是真正的造字始祖呢？在这一篇中，我们撇开古书里的传说，以考古的实物为依据，来一起寻找汉字的起源吧。

汉字的起源——抽象符号

在前面的几篇中，我一直在强调殷商的甲骨文就是汉字的老祖先。有些读者可能会问：殷商之前不是还有夏朝，以及更早的三皇五帝吗？为什么汉字的起源要从时代较晚的殷商算起呢？

这是因为刻在龟甲和兽骨上的甲骨文记录的是殷商时代的真实语言，我们通过这些文字能读懂古人说的话。所谓文字，就是用来记录语言的工具。文字学家能从一片片的甲骨文中读出完整的句子，读懂主要的意思，这就是我们把甲骨文当作最早的汉字的原因。不过，文字学家认为甲骨文已经是一套非常成熟的文字体系了，并不是刚刚被造出来的状态，所以推断在甲骨文之前，汉字一定经历过一段漫长的发展阶段。

无独有偶，考古学家还真发现了比殷商时代甲骨文更久远的疑似文字。这些疑似文字的符号大多呈现在远古的陶器上，这些符号的历史比甲骨文至少早一千多年呢！

不过到目前为止，文字学家们还没有破解这些符号到底是什么意思，因为他们无法从这些单独的图形符号中读出语意完整的句子来。

虽然我们现在还说不好陶文是不是汉字的直系祖先，但是神秘陶文的确对汉字的起源起到了重要的启示作用。你可能会好奇我为什么会做出这样的判断。考古学家仔细观察陶文后发现，有一些陶文看起来很像后来的数字。他们据此猜测，这些陶文有可能是古代工匠给自己烧的陶器编的号。现在已知的世界最古老的文字是古巴比伦地区的苏美尔文。考古学家已经证明了，苏美尔文是一套从记

第⑩篇 "一""二""三"：只是记号

录建造宫殿用的土坯砖块的数字一点点演变而来的文字体系。

我们在这一篇中重点要讲的汉字"一""二""三"，是三个最基本的数字，它们用的都是最简单的笔画，看起来最接近陶文里的抽象符号。古人在分析汉字字形的时候，把所有的抽象符号都称为"指事"。"一""二""三"就是最标准的指事字。

中国文化中的"一""二""三"

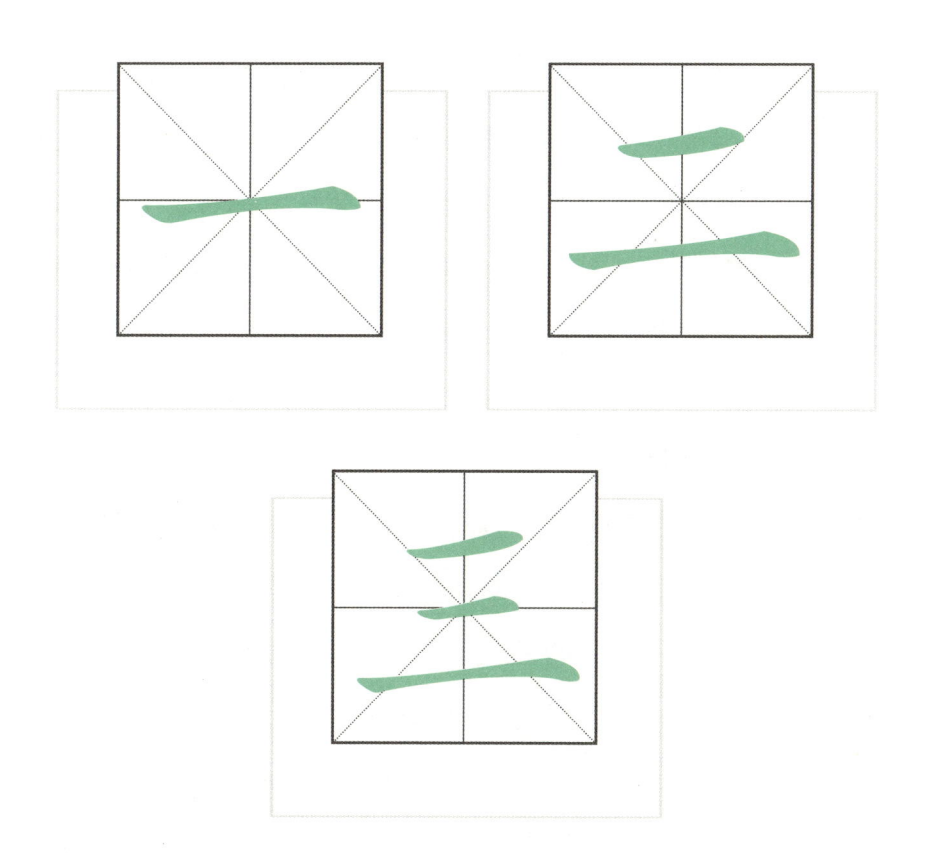

万事万物都存在一个简单的规律：越抽象的东西越包含着深邃

的内涵。比如一幅抽象画，专家能够从各种各样的角度解读出丰富多元的意义。汉字也是如此，"一""二""三"既是简单的数字，又是抽象的符号，从中国文化来说，这三个形体抽象的字有着非同小可的意义。

"道生一，一生二，二生三，三生万物。"

老子在《道德经》里说过这么一句话："道生一，一生二，二生三，三生万物。"这句话很抽象，从字面意思来看，老子把"一、二、三"看作世界万物诞生的必由之路。那么这句抽象的话究竟还有什么深意呢？历朝历代的思想家、哲学家都对老子的这句话做过各种各样的解释，这就更加体现出老子思想的深邃和伟大了。在这一篇中，我就来介绍两种有趣的说法，讲讲万物是如何从"一、二、三"发展出来的。

第一种说法很科幻，你读过以后一定会怀疑老子是一个穿越回古代的科学家。这种说法是，"道生一，一生二，二生三，三生万物"是一个空间增维的过程：道是世界的原点，一个实实在在的点；这个点生发出一维的空间，也就是一条直线，这就是"道生一"；直线可以连成一个框，或者画出各种平面的二维图形，这就是"一生二"；在二维平面上加一个指向和平面不同方向的一维的直线，就不是一个平面的图形了，而是形成了三维的立体空间。人类最常感知的就是身边的三维空间，也就是世界。有了三维世界，万物也就诞生了。这个解释听起来是不是非常前沿、科幻？

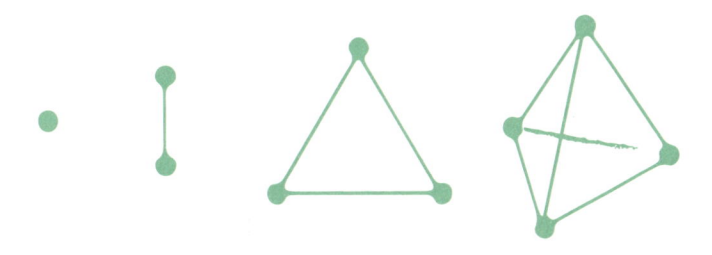

立体几何世界中的"一生二，二生三，三生万物"。

财主家的傻儿子

第二种说法其实是一个古代的笑话。道是怎么通过"一、二、三"生出万物来的呢？

据说从前有个家境富裕的土财主，大字不识一个。财主觉得自己不识字就像个睁眼瞎，一直对此耿耿于怀，所以就下定决心让儿子当个能识字、有文化的人。于是，财主花重金聘请了一位教书先生来家里教自己顽劣不堪的儿子认字读书。

财主家的小少爷心想：我爸爸虽然不认识字，但是挣下了这么大一份家业来，吃喝不愁，这就说明认字读书没啥必要嘛。所以他并不认真听教书先生讲课。

第一堂写字课，先生本着循序渐进的原则，首先教的汉字就是"一"。先生用毛笔写了一横，说："这就是一。"财主少爷跟着画了一道。

接着先生用毛笔连画了两横，说："这就是二。"财主少爷照着先生的样子在自己的本子上写"二"。

然后先生用毛笔写了三横，说："这就是三。"财主少爷唰唰唰地写完三横，把笔一扔说："原来写字这么容易，我都学会了！父亲何必花钱请先生教呢？我去跟父亲说别白花钱了。"

财主听说自己的儿子会写字了，高兴坏了——原来儿子是天才！他立刻把先生给辞了。过了几天，财主要写信给隔壁村的万员外，就把"天才"儿子叫过来说："你替爸爸写封信给万员外。"

财主的儿子一听，回答说："这事得花点儿时间才能办成。"

财主想儿子毕竟刚学会写字，还不熟练，就鼓励儿子说："没事，你回屋慢慢写，爸爸不催你，还给你送饭。"

财主儿子整整写了一天，还关在屋里不出来。财主就奇怪了：写封信而已，儿子怎么花了这么长时间？他借着送饭的机会，跑进儿子的屋里，想看看写得怎样了。谁知，他不看不知道，一看吓一跳：原来儿子在纸上不停地画横线，一个字都没写。

财主奇怪地问："你这是写什么呢？我让你给万员外写信，你却在纸上画了这么多横线，不像话！"

儿子说："我哪儿不像话了？这万员外才不像话呢，姓什么不好，偏偏姓万。我写了一天，才写到一千，离万还差九千呢！"

这就是搞笑版的"道生一，一生二，二生三，三生万物"的解释。财主家的傻儿子以为所有的汉字都只要像写"一""二""三"那样画横线就可以了！

第 ⑩ 篇　"一""二""三"：只是记号

大写数字

这财主儿子画横线的笑话又引出了一个新的话题。你如果仔细观察过人民币上印的汉字数字，就知道"一""二""三"不是画横线那么简单，而是端端正正的方块字。原来，人民币上用的是"大写数字"。下面的插图展示的是汉字大写数字，你都认得吗？

壹　贰　叁　肆　伍
陆　柒　捌　玖　拾

大写汉字数字

朱元璋的规定

汉字数字的大写形式是由明太祖朱元璋完善、规定的。朱元璋最痛恨贪官污吏，认为原来的数字写法太容易被人涂改、做假账了，比如"一"字加上一横就变成了"二"。为了防止官员在账本上做手脚，中饱私囊，他规定用一组笔画复杂的同音字来代替笔画简单的汉字数字，于是就有了插图中这组汉字数字。直到今天，人们还在使用这组汉字作为汉字数字的大写形式呢。

"一""二""三"，它们是三个最容易被涂改的汉字，因为它们就是简单的抽象符号。不过,"四""五""六""七""八""九""十",这一长串数字的造字方法就跟"一""二""三"大不一样了,我们在下一篇中来细说这里面的门道。

汉字撷英

词性解析

一

1. 数词，最小的正整数。

《老子》："抱一为天下式。"

2. 数词，序数的第一位。

《史记·平原君虞卿列传》："白起，小竖子耳，率数万之众，兴师以与楚战，一战而举鄢、郢，再战而烧夷陵，三战而辱王之先人。"

3. 数词，整体中的一小部分。

《左传》："先王之制：大都，不过参国之一；中，五之一；小，九之一。"

4. 数词，表示短暂的一个动作。

《资治通鉴》："初一交战，操军不利，引次江北。"

5. 数词，某一个。

一天、一次、一夜……

6. 数词，每一个。

一户五人。

7. 形容词，满的、全面的。

《核舟记》："通计一舟，为人五，为窗八；为箬篷，为楫，为炉，为壶，为手卷，为念珠各一；对联、题名并篆文，为字共三十有四。"

8. 形容词，相同的。
一模一样、一式三份。

9. 形容词，表示集合在一起的。
一起、一堆。

10. 形容词，统一的
《阿房宫赋》："六王毕，四海一；蜀山兀，阿房出。"

11. 形容词，专一的。
《荀子·劝学》："蚓无爪牙之利，筋骨之强，上食埃土，下饮黄泉，用心一也。"

12. 形容词，纯正的。
清一色。

13. 形容词，单独的。
独一份、一只眼。

14. 副词，全都，一概。
《论语·宪问》："管仲相桓公，霸诸侯，一匡天下，民到于今受其赐。"

15. 副词，非常。
一股劲儿、一股脑。

16. 副词，始终。
一直以来、一如既往。

17. 副词，一经。
《黄鹤楼》："黄鹤一去不复返，白云千载空悠悠。"

"四""五"的故事

在上一篇中，我讲了一个写"万"字的小故事：财主家的傻儿子以为学会了写"一""二""三"，就什么字都可以依样画葫芦，只管画横线就好了。这个故事本来是讽刺那些学习浅尝辄止的半瓶醋。可是编故事的人大概也没有想到，其实汉字的数字还真像财主的傻儿子想的那样，多画几条横线就行。我可一点儿没有唬你，我们现在来看一件青铜器的铭文。这件青铜器就是号称"中国青铜三大重器"之一的大盂鼎。

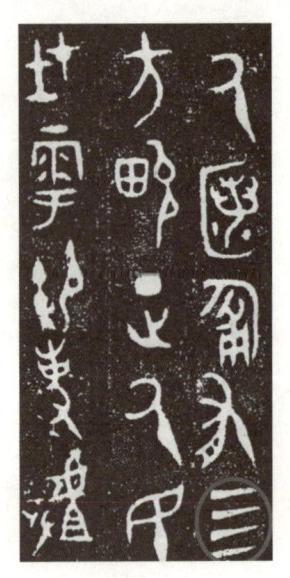

大盂鼎及其铭文，西周，中国国家博物馆藏

你看我在右边图片里用笔圈出来的这个字，就是干净利落的四横。这是什么字呢？我们通过与它相连的第二列的第一个字，可以猜出这个字就是"四方"的"四"字。看，古汉字里的"四"真的跟故事里财主家傻儿子的写字逻辑一样，只管画短横就行。大盂鼎是一件货真价实的文物，实实在在地证明"四"字在古时候真的可以写成四横。

不光是"四"字，"五"也可以按画横线的逻辑写。

下面的插图中有殷商甲骨文和春秋晋国文字，这两个字都是"五"，每个字都有五横。你瞧，十个表示数字的汉字中已经有一半的写法就是画横线。那么，"六""七""八""九""十"是不是也以此类推呢？财主家傻儿子的写字逻辑只用到"六"字就行不通

122

了——写字哪有这么容易！而且，画横线来记数的方法看似方便，却会在实际使用中引起大麻烦。

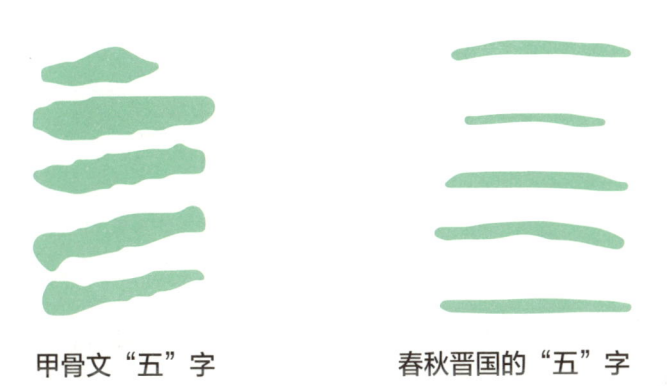

甲骨文"五"字　　　　　春秋晋国的"五"字

在上一篇的最后，我还提到明代开始推行大写的数字汉字，这是为了防止账目涂改作假。人们用画横线的方法记数不仅很容易被人添笔篡改，而且认读起来也不方便。就说"五"这个字吧，放大了看还行，如果字小，就很容易跟四横的"四"搞混了。所以在古汉字里，五道短横的"五"其实非常罕见。而且，有的文字学家就认为甲骨文"五"字实际就是"四"字——最顶上那一横很可能是甲骨破碎形成的裂纹。

所以，用画短横的方式来表示数字是很原始、很不方便的，也只有财主家的傻儿子才会不停地画下去。古人早就为"四"和"五"造出了新的字形，这些字形的来历也特别有趣。

我们先来看看现在的"四"的写法是怎么来的吧。你看现在"四"的楷书形体，一定想不到"四"原来是指一样脏兮兮的东西。

"四"字从春秋到汉代的演变过程

在上面的插图中，我列了"四"这个字从春秋到汉代一系列变化的写法。我们现在看到的"四"字当中的一撇和一折，按照先秦的古汉字写法是要写出框的。这组插图里的第一个古汉字是"四"字最早的象形写法，你看它像什么呢？其实，这个字画的是一个鼻子。不过，比起一般的鼻子来，这个鼻子的下面多了两条东西。这下你该猜到了吧，"四"其实就是指两条脏兮兮的鼻涕！

第 ⑪ 篇 "四""五"的故事

泗

鼻涕怎么会变成数字呢？首先我得讲一个古汉语小知识，鼻涕的"涕"，原来可不是从鼻孔里流出来的。"涕"在古汉语里是眼泪的意思。那么，古人管鼻子里流出来的东西叫什么呢？古人用"泗"字来指鼻涕。其实最早的写法里也没有"氵"，就是你现在看到的插图里鼻子出水的这个古汉字。在古书里，"涕泗"经常被连在一起用，形容人哭得特别伤心，一把鼻涕一把眼泪的。

司马炎哭羊祜（hù）

古代有个小故事：三国末期，司马氏眼看就要统一中国，后来的晋武帝司马炎手下有一员心腹大将，名叫"羊祜"。他跟司马氏有亲戚关系，才干又特别出众，长年带兵在前线与吴国对抗。一年冬天，司马炎准备一举吞并江东孙吴，就在这个箭在弦上的关键时刻，羊祜得了重病去世。司马炎听到这个噩耗，伤心欲绝。古书记载："司马炎涕泗交下，凝须为冰。"这句话的意思是说司马炎哭得一把鼻涕一把眼泪，鼻子下面的胡须都冻成了冰。如此看来，晋武帝司马炎哭羊祜，流的鼻涕要比眼泪多啊。

五

古人用代表鼻涕的"四"来代表数字，是假借了同音，这个字形的变化还是很清晰的。相比之下，"五"的来历就有点儿复杂。我们先看看"五"的古汉字是怎么写的吧。

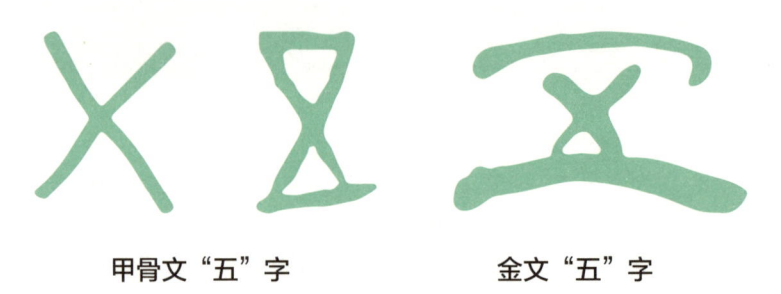

甲骨文"五"字　　　　　金文"五"字

在上面这组插图中，有三个"五"的古汉字图，你一看就能明白现在"五"字的写法原来是从 X 形的大叉变来的。在最古老的陶文中就有这个大叉了。下面的插图中也是一个陶器上的文字，你跟古汉字对比看看，这两个大叉是不是几乎一样？

陶文"五"字

有的文字学家就认为,"五"字的来源非常古老,跟陶文是一脉相承的。那么古人为什么要用"×"来表示"五"呢?关于这个问题的答案就有分歧了。

有的学者认为,这跟人类的记数习惯有关系:数字数到"五"就算是一个完整的单元。为什么会这样呢?你张开自己的手一看就明白了,我们人的一只手就长了五根手指,掰手指可是一种最原始的数数方法。中国人用"五"来记数有悠久的传统,直到现在,我们还流行一种"正字记数法"。"正"字一共五笔,人们用它来记数,又快又方便。比如你的学校、班级搞民主选举,老师经常会在黑板上写"正"字,以便快速地统计票数。

商鞅与五户连坐制

不光现在的人喜欢用"五"计票,"五"在先秦变法当中也有重要的作用呢。春秋时，商鞅在秦国推行变法，其中有一项非常重要的政治措施，就是要把老百姓全部集中起来管理。商鞅设计的制度，是让秦人以五户人家为一个单位，互相监督。如果有一户人家有人犯法，那这五家要一块承担法律的惩罚。这个办法就叫"五户连坐"，互相连坐的五户人家合在一起叫作"一伍"。不光平头百姓要被编成一伍，在军队当中，五个士兵也被编为一伍。打仗时，如果一个士兵逃跑违纪，与他一伍的其他士兵也要连坐受罚。商鞅的这个五户连坐制影响非常深远，直到现在，"队伍"这个词还保留着商鞅变法的痕迹呢。

不过关于"五"字写法的来源还有不同的说法，有学者认为"五"跟"四"一样也是一个假借字。"五"借了什么字呢？应该是借了"中午"的"午"字。这要从何说起呢？

"午时"一词的由来

你学地理知识的时候,可能听说过一个名词叫作"子午线",也就是表示地球经纬度的经线。为什么经线的别名是子午线呢?"子"和"午"本来都是十二地支的名称。十二地支配十二时辰,子时相当于我们现在半夜 11 点到凌晨 1 点,而午时相当于上午 11 点到下午 1 点,这就是"中午"这个说法的来历。如果我们把十二时辰做成一个钟盘,子时和午时正好处于钟盘上下正对的两端,相当于地图上的南北两极,因此贯穿地球南北的经线才会被称为"子午线"。

上午 11 点到下午 1 点这个时间段为什么被称为"午"呢?这里也有一个特别的讲究。《史记·律书》记载:"阴阳交,故曰午。"午时是阴阳相交的时辰,"午"在古汉语里还有一个表示"交叉,交会"的意思,这就是"午时"一词的由来。从这个意思出发,文字学家认为陶文、甲骨文里的大叉就是表示"交叉,交会"意思的"午",因为同音的关系,"午"后来就假借成数字的"五"了。

最后我要留一个题给你,请看下面这组插图。

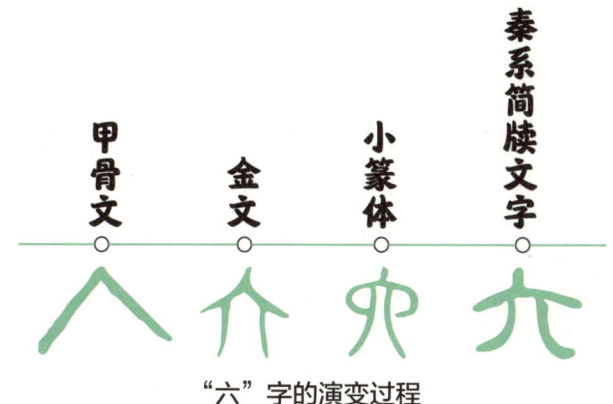

"六"字的演变过程

这是汉字"六"的演化过程。在古汉字里,"六"字看起来既像个屋顶,又有点儿像表示鼻涕的"四"字,还像是一个"大"字把撇捺写开了。文字学家对"六"的来历也是众说纷纭。

你能不能从"六"的古汉字里找到什么线索呢?我给你两个提示:首先要从"六"字的读音入手,利用前面介绍的假借的知识来找一个同音字;其次要从最古老的字形来想象它最接近什么物体。请你先仔细思考,在下一篇中,我来为你揭晓答案,并告诉你更多关于"六"字的文化故事。

汉字撷英

词性解析

五

1. 形容词，交午，纵横交错。

《诗经》:"羔羊之皮，素丝五紽（tuó）。"

2. 数词，5。

《柳毅传》:"近与天将失意，塞其五山。"

3. 名词，通"伍"，古代军队编制单位，五人为伍。

《吕氏春秋》:"孟贲过于河，先其五。"

伍

1. 名词，五人构成的一个集体。

《管子》:"是故五家为轨，五人为伍，轨长率之。"

2. 名词，古代军队的编制单位。

《孙子兵法》:"凡用兵之法，全国为上，破国次之；全军为上，破军次之；全旅为上，破旅次之；全卒为上，破卒次之；全伍为上，破伍次之。"

3. 名词，古代民户的编制单位。

《史记·秦始皇本纪》："十年，为户籍相伍。"

4. 数词，五的大写。

《易经》："参伍以变，错综其数。"

5. 名词，军队。

队伍、入伍。

6. 名词，同伴。

为伍、党伍。

7. 名词，成对的组合。

《汉书》："阴阳相生，自黄钟始而左旋，八八为伍。"

8. 动词，交叉掺杂。

伍参。

|2|

神奇的数字："六""七""八"

在上一篇中，我为你留了一个小问题："六"这个汉字究竟有什么来历？你要是去查一般的工具书，肯定无法破解。在这一篇中，我会试着给出一个让你满意的答案。

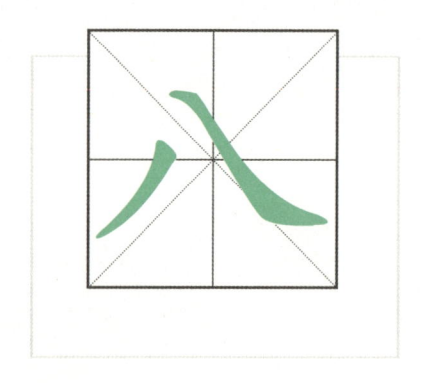

原来，"六""七""八"这几个汉字都跟一本神秘的古书有千丝万缕的联系，这本书就是中国古代经典《周易》。不过，这不等于说"六""七""八"是从《周易》起源的。反过来，"六""七""八"倒是可能对《周易》的成书产生了巨大的影响。我的讲解会结合传统文化与考古资料，从多个角度还原"六""七""八"这三个汉字的本来面目。

第⑫篇 神奇的数字:"六""七""八"

中西方古人对数字的崇拜

在古代文明中,数字一直被认为具有某种神秘的魔力。在古人的感觉里,这些抽象的数字一旦进入运算体系,似乎就能解释天地之间万物运行的方方面面。

比如古希腊大哲学家毕达哥拉斯,同时也是一位大数学家,他发现了非常有意思的现象:一个直角三角形,两条直边长度的平方数加起来等于斜边的长度平方。无论这个直角三角形边长怎么变化,这个等式都永远成立。这就是后来被称为毕达哥拉斯定理的一条公式。毕达哥拉斯为这个发现欣喜若狂,还专门杀了一百头牛来祭祀天神呢,因为他觉得数学里的这种整齐严格的规律就是神创造世界的基本法则。

人们对数字的崇拜不光盛行于西方,我们的祖先也早早就发现了数字里的秘密。毕达哥拉斯定理在中国古籍里被称为"勾股定理"。我们的祖先发现利用这个数学规律,就能尝试计算出天上的星体离地面有多远。你想想看,古人都把天当作最高的神明来崇拜,皇帝都自称"天子",能算出天上的星体有多远是一件多么了不起的事。而这件了不起的事需要依靠数字来完成。

河图洛书

我们古人对数字的崇拜最集中地体现在"河图洛书"的传说上。

"河图洛书"是什么东西呢？它是两个故事的合称。

第一个是河图的故事。相传华夏民族的人文初祖伏羲氏统治天下的时候，人类还处于从蒙昧无知的混沌状态向文明转换的过渡时期。伏羲氏不辞辛劳，设立了各种制度来管理人群，还发明各种工具为百姓的生活提供方便。作为人间最早的立法者，伏羲氏在忙于事业时得到了天地神明的帮助。

有一天伏羲氏来到黄河边，突然黄河的浊浪里分出一条路，有一匹龙马从河中央来到伏羲的身旁。这匹龙马的身上长着奇怪的图案，斑斑点点，仿佛天上的星辰。伏羲氏一看，马身上的斑纹有黑有白，排列出一种奇特的组合，大有玄机。伏羲氏从中悟出了阴阳相配的规律，创造出了八卦的卦象，囊括了人世间的森罗万象。这就是河图的故事。

第二个故事是关于洛书的。大禹治理洪水，经纬九州，他因此被看作华夏疆域的奠定者。大禹的功绩跟伏羲氏不相上下，所以老天也给了大禹特别的帮助。大禹来到洛水之滨，有一只大乌龟从河里钻出来，趴在河滩上晒太阳。这只乌龟的龟壳上排列着九宫格似的斑点，形成了特殊的数字组合，大禹从这些组合里悟出了万物的盛衰兴替。

到了汉代，《周易》成了儒家的经典。儒家学者研究《易经》，就把传说中包含八卦万象、万物盛衰兴替的"河图洛书"一齐当成《易经》的源头。

其实"河图洛书"并非什么古代天书，它的神秘只是反映了古

第⑫篇 神奇的数字:"六""七""八"

人对数字的一种早期崇拜而已。《周易》也是如此,它的最早来源就是在"河图洛书"这样的数字组合上进行推演运算,使数字变得更加复杂化、系统化。

《周易》与"六""七""八"

刚才讲的这些与数字崇拜有关的故事,与这一篇要说的"六""七""八"有什么关系呢?接下来,我们就要从虚幻的传说转到真实的考古发现了。真实的《周易》是从哪里来的呢?

《周易》是一部利用数字来算卦的书,那我们先看一看"卦"究竟是什么。插图里展示的是《周易》的卦象,你可以仔细看看。

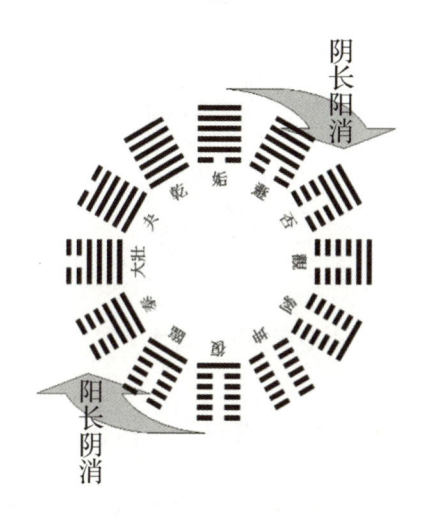

《周易》中的八卦图

每个卦象都是由六条横线组成的,这些横线可以分为两种,一种是一条完整的横线，一种是当中断开的横线。这些横线被称为"爻（yáo）"。"爻"字看起来是上下两个叉叠在一起的。完整的横线代表阳，断开的横线代表阴，阴阳八卦就是这么来的。

在考古挖掘出来的一些甲骨和青铜器上，文字学家辨认出了最早的卦象。专家把这些考古实物跟后来的《周易》卦象一比，发现两者有差别。专家考古发现的卦象并不是用阴爻、阳爻组合成的。我们在下面的插图中可以看到最早的卦象是什么样的。

河南安阳殷墟出土卦象

这张图被专家称为"数字卦符"。那么，数字在哪里呢？我把"六""七""八"这三个字的古汉字放在下面的插图里，你赶紧结合上图看一看，试试能不能找出这三个数字来。

第 ⑫ 篇 神奇的数字："六""七""八"

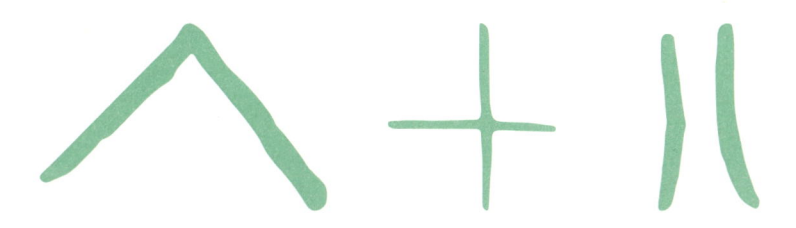

甲骨文"六""七""八"

古汉字的"七"字写得像现在的"十"字，不过后来为了区别，就把"七"字的笔画竖拐了一个弯。我们在下一篇讲"十"字的时候，会具体讲"七"与"十"的区别。在这一篇中，我们还是先把"六""七""八"与《周易》的关系说清楚。

你大概从古汉字的写法里已经猜出一点儿门道了："六"和"八"的写法有那么一点儿相似。"八"仿佛就是把"六"的左右两笔从当中给撅断了。这种差别跟《周易》阴阳两爻的分别是多么相似啊！代表阳的是完整的横线，代表阴的是折断的横线，"六"和"八"的字形很可能就是《周易》阴阳爻写法差别的最早来源，只不过《周易》的阴阳观念在数字卦里还没有完全定型罢了。

专家考古发现的数字卦符是《周易》卦象的祖先，《周易》的阴阳差别就是从这些更早的数字卦象脱胎而来的。

说完了"六"和"八"，我们再来看看"七"。"七"字的写法在后来的卦象中也发生了变化，原来十字交叉的写法被简化成一横，乍一看跟"一"的写法一样。

楚简中的"六"和"七"组成的卦象

上图是一个楚国竹简上的数字卦象。这是从一篇专门讲卜卦的楚国文献里选出来的。在所有的数字当中,"六"和"七"出现的频率最高,一个写成拱起的三角,一个写成平坦的横线,这也很像《周易》阴阳爻的差别。这篇名叫《筮(shì)法》的楚国文献,基本上算是与《周易》同时代的作品,这也是考察阴阳观念形成过程的一件里程碑式的文物。

我们来总结一下这一篇的知识:"六""七""八"这三个数字最早的写法,跟古人算卦占卜使用的特殊标记有很深的关系,很可能就是后来《周易》当中阴阳对立的来源。

这些标记最早象征着古人的神秘信仰,但后来与算卦当中的数学推演相结合,就被用来代表专门的数字。这些符号既不是象形,也不是会意,跟一般汉字的造字原理不一样,因此,这些抽象而神秘的符号就很难从字形上看出造字的端倪来。

《周易》当中还有另一个重要数字"九"。"九"字的来历跟"六""七""八"很不一样,我们需要把它和数字"十"一起讲。在下一篇中,我们就来揭晓"九"和"十"背后的秘密。

汉字撷英

词性解析

六

1. 数词，6。

《阿房宫赋》："六王毕，四海一；蜀山兀，阿房出。"

2. 名词，古国名，在今安徽省六安市北。

《左传》："秋，楚人灭六。"

3. 名词，古县名，在今安徽省六安市。

《汉书·高帝纪》："当阳君英布为九江王，都六。"

七

1. 数词，7。

《汉书》："七者，天地四时人之始也。"

2. 名词，文体名。

七体。

3. 名词，一种祭祀周期的名称。旧时人死后每七天为一祭，直到四十九天为止。

头七、二七。

八

1. 动词，相背分开。

《说文解字》:"八，别也。象分别相背之形。"

2. 数词，8。

《战国策·燕策》:"秦王复击轲，被八创。"

3. 数词，第八。

《诗经》:"八月在宇。"

| 13 |

"九""十"：
完美的结局

  作为本书的最后一篇，我们要讲两个代表圆满的汉字，就是"九"和"十"。这两个字有什么特别之处，为什么能代表圆满呢？

  我先来问问你，"九"和"十"这两个数字，哪个比较大？你肯定猜到了，这么简单的问题里头一定有鬼。从数字的角度看，九和十哪个大，还不是一目了然吗？那么，这个简单的问题里面究竟藏着什么玄机呢？我们一起来读一读"九"和"十"背后的故事就知道了。

  在汉字里面，"九"和"十"可以看作一样大的数字。此话怎讲呢？别着急，我们一个一个来分析。

《说文解字》里的"九"

汉代的《说文解字》这样解释:"九,阳之变也。象其屈曲究尽之形。"

"阳之变也"是什么意思呢?在上一篇中,我们讲到"六""七""八"和《周易》的特殊关系,了解到原来数字的写法跟《周易》当中的阴阳观念是息息相关的。"六"和"八"这种偶数被称为"阴数",而"七"和"九"这两个单数被称为"阳数"。七为少阳,九为老阳,《周易》里的阴阳变化是相互转化的,从少阳到老阳,这仿佛是天地万物由少而壮,又由壮而老的过程,而"九"作为最高的阳数,九九纯阳走到头,马上就要变成阴了,这就是古人讲的"阳至一阴生"。

第⑬篇 "九""十"：完美的结局

金文"九"字

"象其屈曲究尽之形"是什么意思呢？这是在说"九"的字形。"屈曲"就是说这个字的笔画扭来扭去、弯弯绕绕的。你可以仔细看看上图中"九"的古汉字，就像一根弯曲的手臂，象征着万事万物都是迂回发展的。"究尽"这个词本来的意思就是深入到底、追查到底，这就说明"九"表示纯阳之数的顶点。《说文解字》用"究尽"一词来解释"九"字，也正是借用了"究"和"九"读音相近的关系，点出了"九"作为数字终点的终极含义。从这个角度来看，"九"在《周易》里是纯阳之数的顶点，可不就算是最大的数字了。

《周易》里的"九"

在《周易》当中，跟"九"关系最紧密的一个卦象就是乾坤之一——号称纯阳之卦的"乾卦"。乾卦为什么叫"纯阳之卦"呢？在上一篇中，我们提到了《周易》的每一个卦都是由叫作"爻"的横线叠加组成的。爻分阴阳，而乾卦里的六根爻都是代表纯阳之数"九"的阳爻。你可以仔细看看下图乾卦里的六根阳爻代表的吉凶爻辞都写了些什么内容。

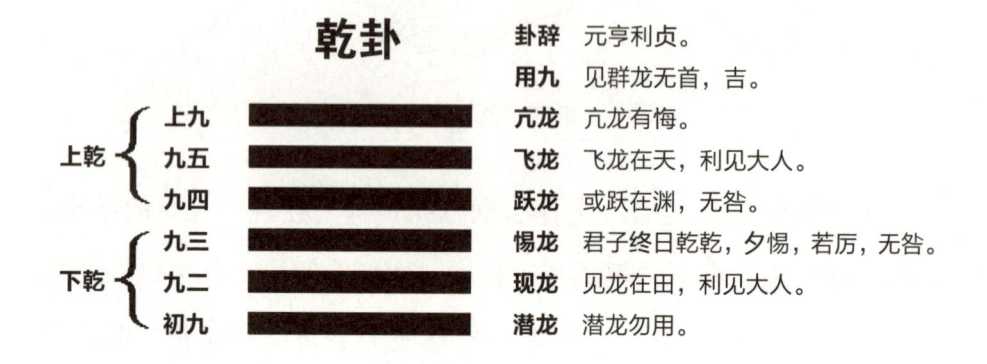

```
乾卦                卦辞  元亨利贞。
                    用九  见群龙无首，吉。
       ┌ 上九 ───   亢龙  亢龙有悔。
   上乾 ┤ 九五 ───   飞龙  飞龙在天，利见大人。
       └ 九四 ───   跃龙  或跃在渊，无咎。
       ┌ 九三 ───   惕龙  君子终日乾乾，夕惕，若厉，无咎。
   下乾 ┤ 九二 ───   现龙  见龙在田，利见大人。
       └ 初九 ───   潜龙  潜龙勿用。
```

《周易》中的"乾卦"

乾卦的第一爻，也就是最底下一根爻叫"初九"：潜龙勿用；往上第二爻，九二：见龙在田，利见大人；第三爻，九三：君子终日乾乾，夕惕，若厉，无咎；第四爻，九四：或跃在渊，无咎；第五爻，九五：飞龙在天，利见大人；第六爻叫上九：亢龙有悔。

你如果读过金庸的武侠小说，一定会对这几句话感到耳熟——这些都是丐帮武功"降龙十八掌"的招式嘛！没错，"降龙十八掌"里好几招的名字都是金庸先生从《周易》里借鉴来的。那么，我们怎么能从这几句神秘兮兮的爻辞里看出"九"字的阴阳变化呢？注意，变化就在第五爻"九五"和第六爻"上九"之间的词义差别里。

本来乾卦说的是神龙应时而飞、随时升腾的神奇姿态，从第一爻初九开始，龙潜伏在地下，然后慢慢爬出地底，出现在广阔的田野之中，而后又进入江河湖海，进一步茁壮，最后一飞冲天。注意，飞龙在天是第五爻。到第六爻，也就是乾卦最顶上的那一爻叫"亢龙有悔"，古人常常把这句话解释成物极必反，盛极必衰。这就是《说文解字》所说的"九，阳之变也"最直接的体现。

"九五至尊"的来历

古代人把皇帝称为"九五至尊"，这个叫法也是从乾卦"九五：飞龙在天"里变化出来的。三国的时候，曹丕逼汉献帝把皇位禅让给自己，东汉宣告灭亡。消息传到蜀国成都，诸葛亮等一班大臣就上书劝刘备称帝，宣布自己才是汉朝的正统。诸葛亮他们的上书当中就有这么一句话："龙者，君之象也。《易》乾九五：飞龙在天。大王当龙升，登帝位也。""九五至尊"这个说法，就从这篇上书里用乾卦九五来劝刘备登基当皇帝开始流传。不过，刘备当了皇帝之后，马上就去讨伐东吴，为关羽报仇，结果被吴国的陆逊在夷陵大战火烧连营，败归白帝城，不久郁郁而终。这刘备刚当上九五至尊，立刻就应了乾卦上九的亢龙有悔，只好感慨自己的命运不济了！

在上一篇中，我们提到过"十"这个字现在的写法跟"七"的古汉字很像。《说文解字》里也说它是："数之具也。一为东西，丨（gǔn）为南北，则四方中央备矣。"《说文解字》说"十"的一横一竖代表东、西、南、北四方，这是完全错误的，因为你一眼就能看出古汉字里的"十"跟"七"的写法差别。古汉字"十"根本不是一横一竖，你可以仔细看看下面插图中的古汉字。

"十"原来只有一竖，有的古汉字甚至把这一竖从中间撑开，画得像一个菱形。后来，这个菱形被简化，变成了竖画当中的一个短横，再后来这个短横越拉越长，"十"就变成现在我们熟悉的字形了。而"七"字本来横平竖直，但随着"十"的字形变化，两者越来越像，为了不搞混数字，"七"字竖笔的底下拐了个弯，变成了现在的竖弯钩。

第⑬篇 "九""十"：完美的结局

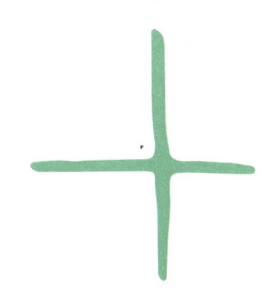

甲骨文"七"字

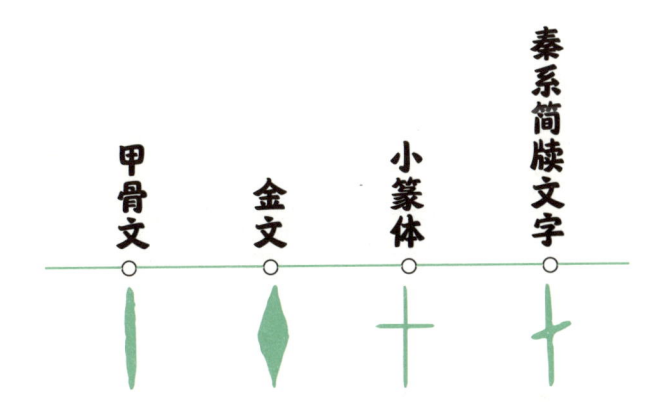

甲骨文　金文　小篆体　秦系简牍文字

"十"字的演变过程

那"十"字最早的字形是从哪儿来的，又代表什么意思呢？文

字学家认为,"十"是一个假借字,它是把"针"最原始的字形给借过来了。针这样东西最早不是金属做的。学者在考古当中发现人类最早是把动物的骨头磨成针来使用,"十"和"针"在上古时读音的确很近,这就是假借的基础。

"十"是一个偶数,为什么《周易》没有把"十"接到"九"的后面,一起纳入阴阳体系中去呢? 我回答这个问题之前,必须先讲一个历史小知识。

"十全老人"乾隆皇帝

清朝的乾隆皇帝,晚年自称"十全老人"。这个名称源于他亲自撰写的一篇《卸制十全记》的碑文。这篇碑文列举了乾隆十九年到乾隆五十七年间的十次征伐战事。晚年的乾隆扬扬得意,自诩武功卓著,用这篇碑文作为对自己一生功绩的总结,因此在文中自称"十全老人"。

"十全十美",这听起来多风光啊,但是这"十全武功"却是金玉其外,败絮其中。清史专家早就指出,乾隆所谓的"武功"往往得不偿失。实际上,"十全武功"是清朝由盛转衰的直接原因。正所谓,日中则昃(zè),月满则亏。乾隆自称"十全老人"这件事表现出他的自大自满,真不是一个好兆头。

联系到"十"这个数字的文化内涵,古人还经常在古书当中说

第⑬篇 "九""十"：完美的结局

"十，数之极也"，或者"十，数之终也"。"十"这个数字代表的就是事物真正走到头了，终结了。我们中国人还有句俗话：金无足赤，人无完人。乾隆这种自称"十全"的皇帝，就是在预言清朝要从此走向没落了。我们再回顾《周易》里讲的，万事万物是一个循环往复的过程，"十"这个代表"数之终"的数字就没法再往后变下去了，所以"十"最后没有被算进阴阳的轮回。

汉字撷英

词性解析

九

1. 数词，9。

《楚辞·九辩》:"九者，阳之数，道之纲纪也。"

2. 数词，第九。

九班、九车厢。

3. 数词，泛指多次、数量多。

《史记·管晏列传》:"管仲既用，任政于齐，齐桓公以霸，九合诸侯，一匡天下，管仲之谋也。"

4. 形容词，通"久"，时间很长。

《庄子·至乐》:"颐辂生乎食醯（xī），黄軦（kuàng）生乎九猷。"

5. 名词，时令名。

数九寒天、三九四九不出手。

6. 动词，纠集、集合。

《庄子》:"禹亲自操橐耜而九杂天下之川，腓无胈，胫无毛，沐甚雨，栉疾风，置万国。"

1. 数词，10。

《捕蛇者说》："曩（nǎng）与吾祖居者，今其室十无一焉。"

2. 数词，十分之一。

《游褒禅山记》："盖余所至，比好游者尚不能十一，然视其左右，来而记之者已少。"

3. 数词，十倍。

《孙子兵法·谋攻》："用兵之法，十则围之，五则攻之，倍则分之，敌则能战之，少则能逃之，不若则能避之。"

4. 形容词，非常多、圆满。

《礼记·大学》："曾子曰：'十目所视，十手所指，其严乎！'富润屋，德润身，心广体胖，故君子必诚其意。"

5. 形容词，通"什"，多种多样，杂的。

十锦、十样锦。

知识链接

从传说的角度了解古汉字

这本书的正文部分多次提到汉字造字的传说。在第一篇"知识链接"中，我们就来梳理一下古代造字传说的三个版本。

伏羲造字：人类认知自然的起源传说

在远古时期，人们最先使用结绳的方法记录日常生活中重要的事情，但是随着时间的推移，绳子要么被老鼠咬断，要么发霉腐坏，账目变得混乱，导致部族内部纷争不断。伏羲为了解决这个问题，着手创造文字。

伏羲善于观察自然万物的变化发展。他通过观察太阳、月亮、星星等天象创造了八卦，揭示了自然界中诸多事物运动变化的规律。后来，在很长一段时间里，人们运用八卦来表示时间、方向、季节，据此认识、归纳万物的发展规律。伏羲还根据万物的形状和发展规律，创造了"日""月""水""火""山""石""田""土""羊""鱼""牛"等几百个字，表达了他对自然现象的认识和理解。这些文字成为人们记录生活的重要工具，也为人们认识世界提供了巨大的帮助。

仓颉造字：象形文字的起源传说

据说，仓颉是黄帝的史官。他与常人不同，长了双目四瞳。他善于造字，也非常喜欢观察各种事物的特征，力图将每个字都与一种具体的事物相对应，以帮助记忆。比如，他观察各种飞禽走兽、应用器物，按其特征画出各种图形，造出许多象形字来。仓颉把他造的这些象形字献给黄帝，黄帝认为他的创造非常实用，大加赞赏，立即召集九州酋长，让仓颉将这些象形文字教给他们。于是，这些象形字便开始广为应用起来。为了纪念仓颉为人类创造文字的巨大功劳，后人把河南新郑县城南仓颉造字的地方称作"凤凰衔书台"。仓颉造字的传说体现了古人对汉字的珍视和对知识的渴望。

神农氏造字：医药文字的起源传说

神农氏造字的传说虽然不似前两个造字传说流传广泛，但也十分有趣。传说，伟大的神农氏在深山老林里采药时，偶然发现了一种能治病的植物。他想要记住这种植物的特征和功效，于是尝试用树枝在地上画出草药的样子，并用符号来表示它们的名称和功效。后来，神农氏画的这些符号逐渐被人们模仿和使用，最终演变成汉字的雏形。神农氏造字的传说彰显了我们的祖先非凡的智慧和创造力，也表现出古人探索文字起源的积极态度。

从考古的角度了解古汉字

在中国漫长的历史中，汉字经过了漫长而复杂的演变过程。古汉字学与考古学联系紧密。古汉字学往往能说明、佐证考古学中许多重要的发现。下面我就来列举几个与古汉字关系密切的考古发现。

首先是距今约8300～9000年的彭头山文化。彭头山文化是长江流域最早的新石器时代文化。彭头山位于湖南常德澧县。考古学家在这里发现了世界上最早的稻谷农耕的痕迹——稻壳与谷粒，为确立长江中游地区是中国乃至世界种稻的起源提供了有力证据。考古学家还在这里发现了彭头山字符，这是目前已知的最早的刻画符号之一。祖先将这些符号刻在棒形的坠饰上，具有完整的形态、工整的笔画，反映出当时的祖先已经具备比较成熟的刻画技术。考古学家曾指出，彭头山字符是目前世界古汉字史上最古老的字符，如果把彭头山字符前的草创阶段的字符也估算在内，那么中国文字或许已有上万年的历史。

其次是有中华文明"千古之谜"之称的"河图洛书"和陶寺字符。1958年，湖北宜昌秭归县的柳林溪遗址出土了一批陶支盘，其中一个直身支座的圆顶盘上面刻有一些早期文字组成的九宫图，也就是前文讲过的"河图洛书"，上有八个"文"字，分为四组，每一组的两个"文"字是头与头相对的状态。1978—1987年，山西临汾襄汾县的陶寺遗址出土了陶龙盘、陶鼓、鼍（tuó）鼓、大石磬、玉器、彩绘木器等精美文物。1984年，考古学家在陶寺遗址中发现一片扁壶残片，上面有两个字，其中的一个是"文"字，另一个字不能确定，考古学家有"尧""易""命"等多种观点。这个残片上的"文"字与柳林溪遗址出土的陶顶盘上的"文"字一模一样。这些考古发现相互佐证，共同表明：在甲骨文出现之前800年左右，我们的祖先已经在使用文字了。

此外，1986年，河南舞阳贾湖遗址的古墓葬里首次出土了骨笛，也为古汉字的考古研究提供了重要的线索。在这次挖掘中，考古学家首次发现贾湖刻符。1987年5月，考古学家在出土的龟甲、石器、陶器中发现了多例契刻符号，并把这些符号统称为"贾湖刻符"。根据考古学家的研究，这些符号已有约8000年的历史，但都具有完整的形状，应该具有记录的意义。考古学家认为这些刻符具备了文字的形、音、义的基本条件，应该可以被认为是原始的文字。

以上只是考古学家在几十年来的考古工作中发现的古汉字的三个例证。中国文字考古是一个涉及人文科学和自然科学中多个学科的复杂领域，需要多学科的合作和研究。人类通过解读和研究古代文字，可以更好地了解古代的社会文化和技术发展，也能更好地掌握和运用现代文字。

甲骨文与殷墟

《礼记·表记》中有这样一句话:"殷人尊神,率民以事神,先鬼而后礼。"我们由此可知,在殷商时期,君王十分敬重鬼神,在做任何事情之前都要用甲骨进行占卜,祈问鬼神,在事后还会把所问的事情契刻在甲骨上。君主的这种行为被其他王室贵族效仿,所以无论是气候、收成、征伐、田猎、病患、生育等生活中的事情,还是祭祀、打仗、外交、税收等国家大事,都要求神问卜,获知吉凶祸福后才采取相应的行动。殷商时期的朝廷还专门设置了占卜的机构和卜官。卜官把有刻辞的甲骨作为国家档案保存起来,堆存在窖穴之中。

1899年,埋葬千年的甲骨文重见天日。截至2012年,考古学家已经发现大约15万片甲骨、4500多个单字。这些甲骨文笔画瘦劲锋利,内容丰富,记录了世界最早的关于日食和月食的数据、世界最早的医疗档案、完整的十进位制数字系统等等。甲骨文具备了象形、会意、形声、指事、转注、假借的造字方法,是已知汉语文献的最早形态,是研究中国文字重要的资料。

考古学家普遍认为,出土于殷墟的商代晚期的甲骨文,是一套体系完整的文字样本。甲骨文的字形构成、符号化程度、书写形式和使用功能等都充分地显示出，它是一套经历了较长的发展时间而形成的结构成熟、功能完备的文字符号体系。在世界范围内，人们普遍将甲骨文与古代两河流域苏美尔人的楔形文字、腓尼基字母并称为"人类三大古汉字"。

由于出土了大量甲骨文，殷墟成为中外学者心向往之的怀古圣地。殷墟位于河南省安阳市西北郊的洹河南北两岸，以小屯村为中心，面积约 30 平方千米。在商代后期，这里叫"北蒙"，也被称为"殷"。公元前 14 世纪，盘庚迁都于殷，直到商纣亡国，殷都共传 8 代 12 王，前后约 270 年。周灭商后，曾封纣的儿子武庚于此。后来，武庚发动叛乱被杀，殷民被迫迁走。殷都逐渐沦为废墟，后人称这里为"殷墟"。

殷墟是中国历史上第一个有文献可考，并被考古学和从这里出土的甲骨文所证实的都城遗址，于 2006 年被正式列入《世界遗产名录》。

商代青铜器上的铭文

商代是中国青铜器发展的鼎盛时期。在这一时期，青铜器不仅数量众多，而且工艺精湛，具有极高的艺术价值。商代青铜器上常常刻有铭文，这些铭文对后世研究商代历史具有非常重要的价值。在这一篇"知识链接"中，我们就来一起梳理商代青铜器上的铭文都记载了哪些内容。

一、祭祀记录。在商代的时候，祭祀仪式对于整个社会生活都非常重要。掌管祭祀的官员通常会把祭祀的种类、对象、时间等重要信息刻在青铜器的铭文中。

二、占卜的卜辞。商代青铜器上的铭文还记载了占卜的卜辞。后世可以通过这些青铜器铭文了解到，在商代社会中，占卜的卜辞不仅是统治者做出决策的重要凭据，也体现出统治者对鬼神的无限敬畏。

三、王室族谱。在商代时，王室是整个社会的最高统治者，家族地位显赫。这一点从青铜器上的铭文就可以得到证实。青铜器上的铭文会记载某位王的即位、功绩等，后世可以通过这些铭文了解到商代王室的世系、婚姻关系等信息。

四、宴会情况。商代青铜器上的铭文还记录了很多关于宴会的信息，比如举办宴会的主人、宴会的地点、参加的客人等等。这些信息表明，商代社会，从上到下都喜欢举办宴会。后世可以通过这些青铜器上的铭文了解当时的社会文化。

五、封赏情况。商代青铜器上的铭文可以证明商代的统治者喜欢用青铜器封赏有功之臣。在商代青铜器的铭文中，后世可以看到一些关于封赏的情况，包括封赏的原因和受封的对象，并借此了解、研究当时的社会制度。

六、土地分配。商代青铜器上的铭文记载了土地转让、土地租赁等信息，表明土地在商代已经是重要的生产资料之一，也是统治者掌控的重要资源。后世通过研究这些青铜器上的铭文，可以了解到商代土地的分配方式、分配对象等信息。

七、劳动分工。商代青铜器上的铭文也记录了工匠、渔民等劳动分工的信息。这些铭文说明，人类在商代时已经有明确的社会分工，各行各业共同推动社会进步。

八、战争记录。商代战争频仍，考古学家发现商代青铜器上的铭文记录了大量有关战争的信息，比如战争的规模、发生的时间、战场的地点以及攻伐双方、最终的胜负等信息。

《说文解字》是一本什么样的书

在我们这套书中,作者提到最多的参考文献就是《说文解字》。那么《说文解字》到底是一部什么样的著作呢?现在,我们就来了解一下吧。

《说文解字》简称《说文》,是东汉许慎的著作。许慎字叔重,汝南召陵(今河南漯河)人。他是我国古代著名的古文经学家、文字学家。汉和帝永元十二年(公元100年),他开始编纂《说文解字》,呕心沥血21年,终于在汉安帝建光元年(公元121年)完成这项伟大的工作。《说文解字》最初成形的篇幅是14篇,末叙目一篇,共15篇。后来,许慎的儿子许冲对最初的版本进行修订,以一篇为一卷,最后定为15卷。

《说文解字》是我国乃至世界上第一部规范的字典。它的结构完整清晰,包括分析字形、说解字义、辨识声读等功能板块,为后世研究汉民族语言文字系统提供了非常专业的文献支持。

在《说文解字》中,许慎牢固地建立了汉字结构理论体系,称单体字为"文",合体字为"字"。"说文"重点在分析字形,"解字"重点在分析字义。具体来说,"文"指象形字和指事字。许慎从画物显象的角度描述象形字为"象形者,画成其物,随体诘诎，日月是也"，又从认字的过程描述指事字"指事者，视而可识，察而见意"。"字"指会意字、形声字。许慎从组合部件汇合意义的角度指出"会意者，比类合谊，以见指伪"，又从字符与字的关系描述"形声者，以事为名，取譬相成"。

更为宝贵的是，在《说文解字》中，许慎首创部首编排法，将书中所收的9353个汉字分为540部，将每部的第一个字定为"部首"。以"一"部开始排列部首，以"亥"部结束。许慎将形体相近的部首排在一起，又按照字义相近或者事物相类的原则将部内的字关联排列。

许慎在《说文解字》中采用小篆形体进行分析，按照"先释义，次说形，再标音，最后援引典籍举例"的顺序解释每个字。"释义"即解释字的本义，"说形"是依"六书"原理分析字形特点，"表音"则有两种方法：一是采取形声系说明造字的读音，二是用"读若"拟出汉字的读音。此外，许慎还按"六书"中的造字方法，把字分为象形、指事、会意、形声、转注、假借六种类型。

《说文解字》自公元121年问世，历经数百年，在还没有印刷术的年代，被辗转传写，逐渐有所缺失。在数百年后的北宋雍熙年间，宋太宗命令徐铉、句中正、王惟恭等大臣校订《说文解字》。他们精心校勘，除尽力恢复了《说文解字》的原貌，还增添了字、偏旁、注释等内容，将原来的每卷分成上下卷，最终组成30卷。雍熙三年（公元986年）十一月，《说文解字》交付国子监雕版刊行，世称"大徐本"，流传至今。

后记

汉字的故事不好讲。传说、故事可以半真半假，可如果写进书里，故事就必须靠谱，千万不能误导小读者。但是，如果我把关于汉字的故事讲得等同于我平时给大学生授课时用的讲义，小读者准会读得意兴阑珊。我想如果把汉字故事讲得既靠谱又有趣，那就必须"接地气"，不能"在云端"。于是，我在动笔之前颇费了一番思量，终于想出一个好的创作角度来。

我把这套书的内容分成两个部分：一个部分是介绍汉字字形的演变轨迹，就字论字，讲清楚我们现在写的字形是怎么从看不懂的古汉字一步步演变而来的；第二个部分是从考古文物、历史民俗等不同的角度讲汉字文化，挖掘有趣的汉字故事，激发小读者的兴趣。在这套书中，这两个部分相得益彰，都很重要，但各自承担着不同的作用。

对于任何一个汉字学者来说，讲汉字的演变都是一个严肃的任

后记

务。我看过很多讲汉字的通俗读物，作者在讲关于字形的来历时常会犯两个错误：首先，他们只抄古人古书上的说法，而这些陈芝麻烂谷子的说法，已经有不少都被现代学者证明是有问题的。这些学者不知道古人虽然生活在古代，却毕竟离最初造字的年代也很久远。其次，他们的想法太天马行空，为汉字的字形赋予太多经不起推敲的阐释，夸大汉字的文化意义，忽略了汉字作为实用工具的性质。比如有些书上说甲骨文"日"字里头的一点是太阳黑子，这种缺乏根据的说法，比单纯抄古书造成的错误更离谱。

在这套书中，我所采用的材料和说法基本来自当代权威的文字学工具书和专业学者公开发表的论文，当然也有我自己多年研究文字积累的成果。简单来说，我介绍汉字历史演变主要采取了三种方法：第一，正本清源。把每一个字的古今字形串起来讲，就像展示生物进化的不同阶段一样，说清每个字的字形写法的来龙去脉，比如简体字的"头"是怎么从繁体字的"頭"变来的。第二，讲清原理。古人不是拍拍脑袋随便造汉字的，而是根据一定的原理、方法，比如象形、会意等等，来创造汉字的。我单说这些干巴巴的造字原理，肯定会让读者昏昏欲睡，所以我结合具体的例子进行了生动深入的剖析，以便让小读者在阅读的过程中潜移默化地掌握造字原理。第三，我结合古汉语的知识，把字形和字义串在一起分析。小读者通过学习汉字还可以掌握古汉语词汇语义的来源和用法，让所学的汉字知识真正能够助力文言文的学习。

我讲完汉字的字形，还要讲有趣的汉字文化故事。在创作这套书的过程中，我非常庆幸：汉字是一部真真正正的"百科全书"，简直可以说是上通天文，下及地理，囊括古今中外人生百态，可供我发挥的素材太多了。书里的章节就是按照汉字涉及的不同主题内容编次而成的。我唯一感到可惜的是，限于篇幅，我的残笔没法曲尽汉字文化之妙。说实话，写完这套书，我还意犹未尽，很想继续创作第二辑呢！

王弘治

2024年6月于上海